Persuasión

La guía definitiva para influir y comprender el comportamiento humano, incluyendo técnicas de manipulación y formas de potenciar su inteligencia emocional

© Copyright 2020

Todos los derechos reservados. Ninguna parte de este libro puede ser reproducida de ninguna forma sin el permiso escrito del autor. Los revisores pueden citar breves pasajes en las reseñas.

Descargo de responsabilidad: Ninguna parte de esta publicación puede ser reproducida o transmitida de ninguna forma o por ningún medio, mecánico o electrónico, incluyendo fotocopias o grabaciones, o por ningún sistema de almacenamiento y recuperación de información, o transmitida por correo electrónico sin permiso escrito del editor.

Si bien se ha hecho todo lo posible por verificar la información proporcionada en esta publicación, ni el autor ni el editor asumen responsabilidad alguna por los errores, omisiones o interpretaciones contrarias al tema aquí tratado.

Este libro es solo para fines de entretenimiento. Las opiniones expresadas son únicamente las del autor y no deben tomarse como instrucciones u órdenes de expertos. El lector es responsable de sus propias acciones.

La adhesión a todas las leyes y regulaciones aplicables, incluyendo las leyes internacionales, federales, estatales y locales que rigen la concesión de licencias profesionales, las prácticas comerciales, la publicidad y todos los demás aspectos de la realización de negocios en los EE. UU., Canadá, Reino Unido o cualquier otra jurisdicción es responsabilidad exclusiva del comprador o del lector.

Ni el autor ni el editor asumen responsabilidad alguna en nombre del comprador o lector de estos materiales. Cualquier desaire percibido de cualquier individuo u organización es puramente involuntario.

Índice

PRIMERA PARTE: PERSUASIÓN 1
INTRODUCCIÓN 2
PARTE I 4
FUNDAMENTOS DE LA PERSUASIÓN 4
CAPÍTULO 1: COMPRENSIÓN DE LAS EMOCIONES 5
    ¿QUÉ SON LAS EMOCIONES? 6
    ¿POR QUÉ TENEMOS EMOCIONES? 7
    LAS EMOCIONES Y SUS RAZONES 9
CAPÍTULO 2: COMPRENSIÓN DEL LENGUAJE CORPORAL 12
    BRAZOS 13
    CUERPO 14
    OJOS 15
    ROSTRO 17
    MANOS 19
    CABEZA 22
    PIERNAS Y PIES 23
CAPÍTULO 3: ENTENDIENDO LA EMPATÍA 25
    ¿QUÉ ES LA EMPATÍA? 25
    PROPÓSITO DE LA EMPATÍA 26
    CÓMO IMPORTA LA EMPATÍA 28
PARTE II 30
FORMAS DE PERSUADIR 30

CAPÍTULO 4: PSICOLOGÍA OSCURA 31
¿Qué es la psicología oscura? 31
Usos de la psicología oscura 32
Identificando la psicología oscura 35
Resistiendo a la psicología oscura 36

CAPÍTULO 5: INTELIGENCIA EMOCIONAL 39
¿Qué es la Inteligencia Emocional? 40
Rasgos de la inteligencia emocional alta 41
Los cuatro dominios de la inteligencia emocional 44
Cómo la inteligencia emocional influye en los demás 47

CAPÍTULO 6: PROGRAMACIÓN NEUROLINGÜÍSTICA (PLN) 51
¿Qué es la PNL? 52
PNL transformacional vs. Psicoterapia 53
Reprogramándose 54

CAPÍTULO 7: ANÁLISIS DE LA CONDUCTA HUMANA 57
Definiendo el análisis de la conducta 57
Control de las conductas 58

PARTE III 62
FORMAS DE PERSUADIR, INFLUIR Y MANIPULAR 62
CAPÍTULO 8: INFLUENCIA Y PERSUASIÓN 63
Principios universales de persuasión 64
La ética restante 69

CAPÍTULO 9: TÉCNICAS DE MANIPULACIÓN 71
Transmitir las altas expectativas 71
Control del lenguaje corporal 72
Crear consistencia en el comportamiento 73
Normas sociales y presión 74
Exposición repetida 75
Términos 76
Motivar a través de las limitaciones 77

CAPÍTULO 10: ENGAÑO 80

- Definición de engaño 80
- Descubriendo el engaño 81
- Esté atento a las señales de alerta o de estrés 81
- Grupo de lenguaje corporal no verbal 82
- Usando el engaño 84
- Detener el engaño con las preguntas correctas 85

CAPÍTULO 11: NEGOCIACIÓN 87
- Definición de negociación 87
- Descubriendo la negociación 89
- Cómo negociar 89
- Cuándo no negociar 92

CAPÍTULO 12: CONTROL MENTAL 95
- Definición del control mental 95
- Usando el control mental 96
- Control mental vs. lavado de cerebro 98
- Señales de intento de control mental 99

CAPÍTULO 13: HABILIDADES SOCIALES REALES 104
- ¿Cuáles son las verdaderas habilidades sociales? 104
- Desarrollo de buenas habilidades sociales 107
- Cómo hacer enemigos y cómo evitarlos 111

CONCLUSIÓN 113

SEGUNDA PARTE: INTELIGENCIA EMOCIONAL 115

INTRODUCCIÓN 116

CAPÍTULO 1: EMOCIONES E INTELIGENCIA 118

CAPÍTULO 2: LA INTELIGENCIA EMOCIONAL ES OTRA FORMA DE MENTE 123

CAPÍTULO 3: ¿DE DÓNDE VIENEN LAS EMOCIONES? 131

CAPÍTULO 4: CINCO HABILIDADES CLAVE PARA DESARROLLAR LA INTELIGENCIA EMOCIONAL 137

CAPÍTULO 5: AMPLIFICADOR DE LAS EMOCIONES DE ALEGRÍA - UN RECURSO QUE ESTÁ SIEMPRE CON USTED 146

CAPÍTULO 6: MANEJO DE LA IRA - RESISTENCIA EMOCIONAL EN EL CONFLICTO 155

CAPÍTULO 7: MANEJO DEL MIEDO, Y CÓMO DESARROLLAR EL CORAJE 161

CAPÍTULO 8: AUTOCONFIANZA - EL CAMINO DE LA AUTOESTIMA INCIERTA A LA AUTOCONFIANZA 167

CAPÍTULO 9: ANATOMÍA DE LA RISA - CÓMO DESARROLLAR EL SENTIDO DEL HUMOR 176

CAPÍTULO 10: DOLOR - EL ANTÍDOTO PARA LA DEPRESIÓN 182

CAPÍTULO 11: INSPIRACIÓN - ¿DÓNDE ESTÁ EL BOTÓN DE "INICIO" DE SU ENTUSIASMO? 188

CAPÍTULO 12: INFECTADO CON UN SENTIDO DE CULPA 195

CAPÍTULO 13: ANATOMÍA DEL SENTIMIENTO DE RESENTIMIENTO - LA RECETA PARA EL PERDÓN RADICAL 204

CAPÍTULO 14: CELOS 213

CAPÍTULO 15: EMOCIONES TÓXICAS 218

CAPÍTULO 16: MEJORANDO LA CONCIENCIA EMOCIONAL 224

CONCLUSIÓN 233

Primera Parte: Persuasión

Lo que necesita saber sobre influencia, manipulación, psicología oscura, inteligencia emocional, comportamiento humano, engaño, negociación, PNL, control mental y aptitudes sociales

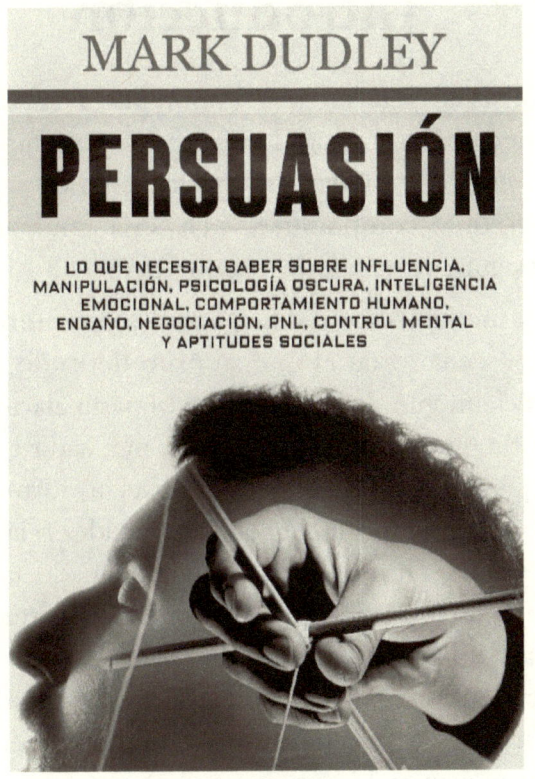

Introducción

Imagine que usted está en una importante entrevista de trabajo. Realmente necesita el trabajo, le ofrece un aumento sustancial que le permitirá cubrir cómodamente todas sus necesidades y gastos. ¿Cómo sabe cómo comportarse? ¿Debería cambiar lo que hace? ¿Cómo se asegura de agradarle a la otra persona?

Puede ser increíblemente difícil entrar a una entrevista o a algún otro tipo de escenario en el que su éxito depende de si le gusta a alguien, especialmente si siente que no es particularmente agradable tal como es. Sin embargo, hay formas de persuadir e influenciar a la gente para que les agrade. A través de diversas formas de hablar, la manera en que se comporta, e incluso la rapidez o la frecuencia con que sonríe puede enviar señales a la mente de la otra persona, indicando inconscientemente a la otra persona que responda de determinadas maneras. Esencialmente puede controlar las percepciones que la otra persona tiene de usted simplemente siendo consciente de usted mismo y comprendiendo lo que su propio lenguaje corporal implica cuando hace ciertas cosas.

Esta es una habilidad increíblemente útil en el mundo real: cuando usted es muy persuasivo, es probable que obtenga sus propios resultados deseados más frecuentemente. Puede ser capaz de utilizar sus habilidades de persuasión en una larga línea de carreras, incluyendo ventas y negociaciones. Puede ser capaz de ser un mejor líder y gerente para un grupo de personas. Todo esto puede ser increíblemente beneficioso cuando intenta salirse con la suya. Ser capaz de persuadir a otros a querer trabajar con usted significa que es mucho más probable que usted consiga lo que pretende. Por supuesto, esto no significa que deba manipular o mentir a la gente para conseguir lo que desea, más bien piense en esto como ser capaz de hacer que la gente se sienta a gusto para que elija ayudarle en lugar de engañarlos o hacer algo turbio. Este libro no es para aprender a manipular o abusar de la gente. Este libro no recomienda hacerlo, ni le enseñará cómo manipular o abusar de nadie. Las habilidades que aprenderá al leer este libro están destinadas únicamente a ser educativas y a beneficiarle socialmente y en su trabajo de manera honesta.

Con este libro, usted aprenderá la información fundamental en la persuasión —aprenderá acerca de las emociones, cómo leer el lenguaje corporal de las personas, y todo acerca de la empatía. A partir de ahí, se le mostrarán varios tipos diferentes de pensamiento sobre la persuasión de los demás —psicología oscura, el uso de la inteligencia emocional, PNL, y el análisis de la conducta humana. Por último, usted aprenderá acerca de las diferentes tácticas a utilizar para influir, persuadir y manipular de la manera más ética posible. Todo en este libro le ayudará en sus interacciones sociales con otras personas, y encontrará información valiosa que puede usar para su beneficio y el de los demás. Recuerde, los mejores líderes y gerentes son aquellos que son capaces de influenciar y persuadir éticamente de manera que beneficie a todos. Si usted puede hacer eso, las habilidades que adquirirá le llevarán lejos.

Parte I
Fundamentos de la persuasión

Capítulo 1: Comprensión de las emociones

Emociones —todos las tenemos. Todos las sentimos. Sin embargo, no todos las entendemos. Son cosas volubles, que cambian constantemente tanto como el clima, y cada pequeña cosa parece impactarlas de alguna forma o manera. Tienen un propósito muy específico: motivar. Nos permiten navegar por el mundo, balanceando nuestras acciones o la falta de ellas. A pesar de que tienen un propósito, motivarnos a sobrevivir, pueden ser poco fiables. Pueden ser influenciadas, manipuladas y controladas, tanto por usted como por otras personas. Esto las hace increíblemente importantes de entender antes de que empecemos a profundizar en el mundo de la influencia y la persuasión: están en la base de todo. Cuando usted entienda lo que son las emociones y cómo funcionan, estará más preparado para usarlas en su beneficio, a medida que aprenda las habilidades que este libro le proporcione. Entenderá cómo pueden ser usadas para su beneficio: puede usar el miedo de alguien a ser herido para persuadirlo a que compre un auto que tenga una mejor calificación de seguridad, lo cual puede ser beneficioso para un vendedor de autos. Puede utilizar el buen humor de alguien para tener una mejor oportunidad de influir en alguien para que haga lo que usted necesita que haga. No importa la emoción, cada una tiene una función específica, y cuando las entienda, podrá utilizarlas al máximo de su potencial.

¿Qué son las emociones?

Dicho de la manera más simple posible, las emociones son estados mentales instintivos que son causados e influenciados por la situación en la que uno se encuentra, su estado de ánimo o sus relaciones con las personas que lo rodean. Esto significa que son sentimientos que vienen por sí mismos basados en todo lo que le rodea. Sin muchas habilidades y entrenamiento, usted tiene muy poco control sobre cómo se siente. Aunque es posible influir en sus propios sentimientos, se necesita práctica. Van y vienen, proporcionando una constante retroalimentación entre lo que observa a su alrededor y lo que su cuerpo hace, actuando como una especie de intermediario que se comunica entre los dos. El mundo influye en sus emociones, lo que influye en su cuerpo, que influye e interactúa con el mundo que lo rodea. Las emociones son las traducciones de su entrada sensorial a un lenguaje que su cuerpo entiende, y su cuerpo reacciona intuitivamente en respuesta.

Estas emociones pueden ser reducidas a una especie de ecuación: las emociones son las sumas de su entorno, la forma en que su entorno influye en su cuerpo, y su comprensión del entorno. Esto se puede descomponer en lo siguiente:

[Entorno o evento] + [Reacción del cuerpo] + [Entendimiento del entorno o evento] = [emoción]

Esto significa que el mundo que le rodea y la forma en que reacciona, ambos impactan en la emoción que siente. Ahora, ambos son relativamente simples de influenciar cuando se trata de persuadir a alguien. Puede modificar o cambiar el entorno o el evento con sus propias acciones y palabras. Incluso puede influir en las reacciones y el lenguaje corporal de otra persona a través del desarrollo de la relación. Esto significa que dos de los tres componentes de la emoción pueden ser controlados por sus propias acciones. Puede literalmente influenciar las emociones de otras personas si aprende a controlar el entorno y sus propias reacciones. Esto es, por supuesto, más fácil de decir que de hacer, pero está dentro del ámbito de lo posible.

¿Por qué tenemos emociones?

Con la comprensión de lo que son las emociones, es hora de empezar a entender su propósito. En general, están acostumbradas a influir en el comportamiento. Son lo que causa reacciones instintivas, corazonadas. Piense en un animal —son en gran parte influenciados por sus emociones. Cuando se sienten enojados, atacan. Cuando se sienten tranquilos, están a gusto. Van por la vida permitiendo que sus emociones gobiernen sus comportamientos. Esto puede funcionar para muchos animales diferentes, pero en la sociedad, eso es inaceptable. No podemos actuar solo por capricho —si golpeamos a cada persona que sentimos la necesidad de golpear, no llegaríamos muy lejos. En una sociedad justa y equitativa, debemos estar dispuestos a considerar los sentimientos y necesidades de los demás, y eso no es algo que podamos hacer cuando somos esclavos de nuestras propias pasiones.

El instinto y las reacciones instintivas que se basan en las emociones son en gran medida para la supervivencia. Nos sentimos protectores de nuestros hijos y nos enfurecemos cuando alguien amenaza a nuestros hijos. Esto asegura que los mantengamos a salvo el tiempo suficiente para crecer. Nos sentimos felices cuando vemos a nuestras parejas románticas. Esto se debe a que nos unimos a ellos y nos emparejamos con ellos para criar niños, asegurando la supervivencia de la información genética. Nos sentimos asustados o ansiosos cuando hay una amenaza, lo que nos anima a comportarnos de forma vigilante y a prepararnos para hacer frente a una amenaza si llega a ocurrir. Estas reacciones intuitivas están destinadas a mantenernos vivos por más tiempo. Sin embargo, en la sociedad actual, muchos de estos sentimientos son exagerados o ya no están permitidos en comparación con lo que ha sucedido. Tenemos leyes en vigor, procedimientos para hacer frente a las diferentes fechorías, y estamos viviendo en gran medida en zonas que no son ni de lejos tan mortales como lo fue el mundo una vez. No tenemos que buscar justicia nosotros mismos si alguien nos ataca a nosotros o a nuestra familia, ya que la ley lo hará por nosotros. Mucha gente que vive en las ciudades no tiene que temer que un oso o un puma intenten comérselos en medio de la noche. Desde que hemos evolucionado para ser una especie social que vive en proximidad y hemos desarrollado la capacidad de pensar racionalmente, ya no tenemos que hacer lo que nuestras emociones impulsivamente sugieren.

Las emociones también tienen un segundo propósito: actúan como una forma de comunicación. Junto con las emociones y la racionalidad, los humanos han desarrollado la empatía, que se tratará más adelante. Sin embargo, simplificando, la empatía permite a las personas entender los sentimientos de otras personas. Cuando tenemos sentimientos, no solo nos indicamos a nosotros mismos cómo interactuar con el mundo, sino que indicamos a los que nos rodean nuestro estado emocional actual, lo que se traduce en necesidades que ocurren en ese momento.

Las emociones están típicamente acompañadas por el lenguaje corporal. Este lenguaje es ampliamente universal —los humanos tienen varias expresiones que se usan universalmente para transmitir emociones, sin importar la cultura, o incluso la capacidad de ver. Incluso las personas que son ciegas de nacimiento comparten estas mismas expresiones faciales. Esto se debe a que tienen un propósito biológico: permiten la comunicación sin hablar.

Cuando usted ve a alguien sonriendo, sabe que se siente feliz. Cuando usted ve a alguien con el ceño fruncido, la boca caída y llorando, usted entiende que están tristes. Entiende su emoción, y a menudo, especialmente si se trata de alguien cercano, intenta actuar de manera que satisfaga las necesidades de la otra persona. Por ejemplo, si ve a su hijo llorando y claramente triste, es probable que se detenga y se asegure de que está bien. Del mismo modo, si ve a su cónyuge enfadado, es probable que intente comunicarse y descubrir qué es lo que está mal. El estado emocional de la otra persona, y el lenguaje corporal que ese estado emocional transmite, le permite comprender lo que la otra persona necesita, y usted es capaz de ayudarla. Esta comunicación no verbal es crucial en las sociedades y especies sociales, ya que cuando toda la familia, la tribu o cualquier otra unidad de personas interactúan juntas, necesitan entenderse de un vistazo. Necesitan saber si las otras personas se sienten amenazadas o enojadas. Cuando ven que otra persona está enfadada, saben que algo se ha sobrepasado de alguna manera. Cuando ven a otra persona que tiene miedo, saben que necesitan estar preparados para una amenaza. Cuando ven a alguien que está tranquilo y contento, saben que todo está bien. Esta comunicación no verbal permite interacciones fluidas que mantienen al grupo funcionando mejor que si nadie entendiera cómo se sienten los demás o qué necesitan los demás.

Las emociones y sus razones

Es importante entender qué son las emociones y por qué las tenemos, pero también hay que entender bien lo que significan las emociones a nivel individual. A continuación, están las siete emociones básicas sobre las que se construyen todos los demás sentimientos, y lo que significan:

Ira

Cuando se enfadan, la gente baja las cejas con los párpados levantados y los labios apretados. Esto transmite agresión o intimidación —implica que la persona que siente ira está lista para atacar, ya sea en defensa o simplemente por atacar. Esto es lo que la gente siente cuando percibe que alguien se está aprovechando de ellos o que han sido perjudicados de alguna manera. Transmite una necesidad de límites o de protección.

Desprecio

Cuando se siente desprecio, la expresión es casi neutra —un lado del labio se levanta ligeramente y brevemente, y la ceja puede levantarse ocasionalmente también en el mismo lado del labio. Esto transmite que el individuo siente desprecio u odio hacia lo que sea que haya provocado la respuesta de desprecio. Transmite una especie de asco en el que se desea evitar a la otra parte.

Disgusto

Cuando se disgustan, las cejas se vuelven hacia abajo. La nariz se arruga y los ojos se entrecierran. La boca se abre ligeramente, con el labio superior levantado. Esto transmite que algo alrededor del individuo es tóxico o dañino de alguna manera y debe ser evitado. Transmite la necesidad de evitar lo que sea que los haya ofendido.

Miedo/Ansiedad

Cuando tienen miedo, la gente levanta las cejas y abre los ojos. La boca suele estar ligeramente abierta. Esto prepara al individuo para luchar o huir —sus ojos abiertos permiten que ingrese más luz, y la boca abierta permite respirar más oxígeno. Esto transmite que hay algún tipo de peligro o amenaza para el individuo y transmite la necesidad de seguridad o protección.

Alegría

Cuando está feliz, la persona generalmente sonríe. Los músculos que rodean los ojos del individuo se tensan, causando arrugas. Cuando siente alegría, está transmitiendo que está satisfecho y que no tiene más necesidades que satisfacer, y que lo que sea que esté sucediendo en ese momento es bueno.

Tristeza

Alguien que está triste levantará el interior de sus cejas, con los párpados sueltos, y los labios vueltos hacia abajo. La tristeza le indica a la persona que debe ir más despacio o retirarse, y le comunica que ha habido algún tipo de pérdida. Transmite una necesidad de curación y apoyo.

Sorpresa

Cuando uno se sorprende, típicamente se levantan las cejas y los párpados, y la boca se ensancha. Típicamente, los ojos también se dilatan. Esto permite una mirada más amplia para ver los alrededores y asegurarse de que todo está bien. Esto transmite que algo nuevo e inesperado ha sucedido y requiere atención.

Capítulo 2: Comprensión del lenguaje corporal

El lenguaje corporal es crucial para entender a otras personas, lo que significa que es crucial si desea ser capaz de influir en otras personas. Cuando entienda el lenguaje corporal, no solo podrá observar a la otra persona y entender sus procesos de pensamiento en tiempo real, sino que también podrá modificar su propio lenguaje corporal de manera que la otra persona se relaje o esté más dispuesta a hablar con usted. También podrá entender la intención de los demás si vigila su lenguaje corporal. Podrá saber más o menos de qué humor están de un vistazo si puede entender cómo leerlos.

Usted puede desarrollar una relación a través del lenguaje corporal, lo que significa que desarrollará algún tipo de cercanía percibida, si sabe lo que está haciendo. Si usted se relaciona más con alguien, es más probable que consiga que él o ella acepte hacer algo por usted si y cuando usted lo necesite. Este capítulo le guiará, parte por parte del cuerpo, en lo que significan los diferentes tipos de lenguaje corporal. La próxima vez que usted salga o esté con un grupo de personas, intente leer a las otras personas buscando las diversas señales que se enumeran en este capítulo —puede que se sorprenda al descubrir que usted puede influir en la dinámica del grupo asumiendo también parte del lenguaje.

Brazos

Los brazos, en general, son bastante ágiles —son fáciles de mover en una amplia gama de formas debido a las habilidades de las articulaciones y los movimientos generales. Los brazos pueden moverse hacia arriba, abajo, de lado, hacia afuera, hacia adentro. Pueden levantarse y doblarse. Los brazos son también medidas fantásticas del estado mental de la otra persona. Son bastante expresivos, y aunque la gente generalmente tratará de controlar sus brazos para ocultar su lenguaje corporal, hay formas de atraparlo en acción.

Brazos reprimidos

Cuando se reprimen los brazos y los hombros, están generalmente fuera de alcance y son más difíciles de agarrar durante un posible ataque físico. Esto es un signo de defensiva o incomodidad.

Brazos que se extienden hacia adelante

Cuando usted extiende sus brazos, está haciendo una de dos cosas, y el contexto determina cuál de las dos se está haciendo. O bien extiende los brazos en la comodidad de otra persona, o lo hace de forma agresiva. Típicamente, se ve como un ataque cuando se hace rápidamente o con cualquier otro signo agresivo, y de la misma manera, puede ser visto como un signo de comodidad para alguien cercano a usted cuando se hace suave y lentamente.

Cruce de brazos

Esto es esencialmente crear una barrera. Transmite actitud defensiva, timidez, incomodidad, falta de confianza o desconfianza. Esto es proteger físicamente los órganos vitales dentro del pecho, creando una barrera más entre usted y quienquiera que esté interactuando actualmente. También ocurre cuando alguien acaba de escuchar malas noticias —cuando los brazos cruzados también se combinan con agarrar los brazos con las manos, es típicamente un intento de auto-calmarse.

Brazos extendidos

Cuando expande sus brazos y hombros, abriendo su pecho, está mostrando signos de confianza. Esto hace que parezcas más grande y más confiado y cómodo en su entorno, mientras que el repliegue de los brazos y los hombros implica una actitud defensiva o de incomodidad.

Brazos levantados

Los brazos levantados en el aire son típicamente una especie de puntuación de cualquier emoción que se sienta —piense en esto como el signo de exclamación de las emociones. Si la persona está feliz y levanta los brazos, es probable que esté extasiada. Si está enfadada y lo hace, probablemente esté furiosamente frustrada. Si tiene miedo, puede estar absolutamente aterrorizada mientras huye.

Brazos quietos

Cuando los brazos se mantienen quietos, ya sea completamente planos a los lados, o cuando se usa un brazo para sujetar el otro, implica que la otra persona está mintiendo o siendo deshonesta de alguna manera. Este comportamiento es el intento de la otra persona de controlar su lenguaje corporal en un intento de ocultar algo.

Cuerpo

Prestar atención al comportamiento general del cuerpo y la proximidad es también increíblemente importante cuando se intenta leer a alguien. Usted puede saber cuán interesado o abierto está alguien en base a la distancia natural mantenida, o incluso cuán cerca parece imitarte. Cuando usted es capaz de entender esto, es capaz de adaptar sus propias acciones para obtener las reacciones que desea.

Reflejo

El reflejo se refiere a la tendencia inconsciente de imitar lo que alguien cercano está haciendo en el momento. Usted puede repetir su lenguaje corporal, cruzar las piernas cuando la otra persona lo hace, o tomar un trago al mismo tiempo. Esto se hace con las personas con las que estás cerca, o que le gusta. Es probable que refleje a alguien con el que se sienta cómodo en el momento, o que le interese. Esto es algo bueno —si usted nota que la otra persona lo está imitando, usted tiene una indicación bastante buena de que la otra persona se siente cómoda con usted o le gusta. En una entrevista, esto es una buena señal de que las cosas van bien, y si un cliente lo hace, el cliente probablemente confía realmente en usted. Si usted nota que la otra persona no se está reflejando en usted, puede comenzar a reflejar a la otra persona para convencerla de que usted confía en ella, y aumentar la probabilidad de que la otra persona comience a reflejarse en usted también.

Proximidad

Prestar atención a lo cerca que está la otra persona de usted es también un indicador clave de lo cómodo que se siente con usted. Cuando se inclinan o se colocan más cerca de usted, implica cercanía, comodidad e interés. Por el contrario, cuando mantienen su distancia física, a menudo es porque no quieren continuar la interacción. Pueden sentirse incómodos con usted, o pueden encontrar que usted está siendo deshonesto o generalmente desagradable. Si se da cuenta de que la otra persona está tratando de tomar distancia, es una buena señal de que la otra persona ha terminado con la conversación.

Ojos

Los ojos son increíblemente expresivos. A pesar de que tienen un rango de movimientos relativamente limitado, usted puede saber la gran mayoría de las veces cómo se siente otra persona simplemente mirando a través de los ojos. Prestar atención a dónde giran, si se dilatan, y más, puede darle una tonelada de información que puede usar a su favor.

Parpadeo

Preste atención a cuánto parpadea la otra persona cuando está tratando de notar sus pensamientos. Cuanto más frecuentemente parpadee alguien, mayor será la probabilidad de que esté estresado o sea deshonesto, aunque el parpadeo rápido también puede ocurrir cuando la otra persona está pensando mucho en algo. Sin embargo, las personas que no parpadean suelen parecer agresivas. Piense en por qué se le dice que no mantenga contacto visual con grandes depredadores o animales cuando se enfrente a ellos —se considera grosero, agresivo y demasiado directo la mayoría de las veces. La misma regla se aplica a los humanos. Si establece un contacto visual directo y no parpadea, manteniendo el contacto visual todo el tiempo que pueda, es probable que se considere agresivo o dominante, y probablemente hará que la otra persona se sienta incómoda.

Contacto visual

El contacto visual es otra de esas señales inconscientes que pueden decir mucho sobre el estado mental de otra persona. Si la persona mantiene un contacto visual suave con usted, lo que significa que no es una mirada fija y sin parpadear, probablemente esté interesada en la conversación y la interacción. Si parece que le cuesta establecer contacto visual o no puede mantenerlo, la otra persona probablemente preferiría que la conversación terminara, o que no ocurriera en absoluto. Esto podría deberse a ser deshonesto, al nerviosismo, a la incomodidad, al desinterés o simplemente a la sumisión general. Por otra parte, el contacto visual duro que se mantiene inquebrantablemente, transmite agresión y dominio, aunque también podría verse como confianza.

Dirección de la mirada

La próxima vez que usted interactúe con alguien, preste atención a la dirección de su mirada. La dirección en la que alguien está mirando dice mucho sobre dónde está su mente. A menudo, las personas miran lo que sea que estén deseando en ese momento. Si quieren ese pastel en el mostrador detrás de donde usted está parado, lo más probable es que sus ojos sigan dirigiéndose hacia él. Lo mismo se aplica si quieren irse, es probable que vuelvan su mirada a una salida repetidamente.

También se puede decir que alguien está siendo deshonesto o no —la gente tiende a mirar a la izquierda mientras piensa cuando dice algo que es verdadero u honesto, pero su mirada se desvía a la derecha cuando está contando historias. Cuando miran a la derecha, están contando ficción o mintiéndole.

Dilatación de la pupila

Comprobar la dilatación de las pupilas puede ser complicado — requiere estar bastante cerca de la otra persona, pero también depende de la iluminación y de si la persona tiene los ojos más claros o más oscuros. Cuando las condiciones sean las adecuadas, intente ver lo que hacen las pupilas de la persona con la que está interactuando. Como la dilatación de las pupilas es totalmente inconsciente, es una parte del cuerpo muy fiable para leer e interpretar. Cuando las pupilas están dilatadas, alguien está interesado, comprometido o pensando en algo. Cuando se contraen, implica desconfianza, desinterés o amenaza.

Rostro

La cara es increíblemente expresiva. La mayoría de la gente la mira para identificar los sentimientos de los demás solo porque es muy fácil ver lo que alguien está sintiendo al mirar su cara. Puede decir si la persona miente o se siente incómoda, o si se siente a gusto alrededor suyo. Es siempre una buena idea el prestar mucha atención al rostro cuando se comunica con los demás.

Cejas

Las cejas también se deben estudiar como lenguaje corporal, pero solo una rápida mirada hacia las cejas puede ser increíblemente reveladora. Por supuesto, muchas de estas posiciones son también ambiguas y pueden tener más de un significado, así que vea el también lenguaje corporal general. Las cejas pueden tomar varias posiciones:

- **Fruncidas:** Las cejas fruncidas las arrastra hacia adentro, creando arrugas en el espacio entre las cejas. Esto típicamente implica confusión o tristeza.
- **Bajas:** Cuando se bajan las cejas más cerca de los ojos, implica ira, dominio o agresión, especialmente cuando se empareja con el contacto visual directo.
- **Puntas interiores levantadas:** Este es un identificador importante de la tristeza.
- **Ambas cejas levantadas:** Típicamente, esto implica miedo, shock, sorpresa o felicidad. También puede transmitir sumisión o atracción.
- **Una ceja levantada:** El tener una ceja levantada, puede significar cinismo o desprecio.
- **El arco medio de la ceja levantada:** Esto puede transmitir alivio o ansiedad. Preste atención a otras señales para una lectura más específica.

Labios y boca

Los labios también pueden tomar varias posiciones diferentes, algunas de las cuales pueden significar más de una cosa. Observe la posición de los labios junto con otras pistas para determinar los detalles.

- **Ligeramente separados:** Esto se ve típicamente cuando la persona se siente atraída por el otro, o cuando la persona quiere tomar un turno para hablar.
- **Fruncido:** Típicamente esto puede transmitir incertidumbre o indecisión.
- **Apretado o arrugado:** Típicamente, esto indica algún tipo de tensión. Normalmente es un signo fiable de ira o estrés de algún tipo.
- **Flojo o relajado:** Esto suele ser más positivo y tiene connotaciones de calma.
- **Tirado hacia atrás:** Cuando se muestran los dientes, suele ser una sonrisa o una especie de gruñido para mostrar agresión.
- **Tirado hacia arriba:** A menudo apenas perceptible, puede mostrar mentira, incredulidad o culpa.
- **Morder el labio:** A menudo muestra ansiedad, estrés o mentiras.
- **Tocarse la boca:** Esto es a menudo inconsciente y delata una mentira —por lo general el individuo se toca la boca en un intento de detener las mentiras. También puede ser un intento de auto-calmarse durante un período de ansiedad.

Manos

Las manos tienen un sinfín de formas en las que se pueden utilizar, y por ello, hay varias formas diferentes en las que se pueden utilizar para indicar lo que la persona está pensando. Aquí están algunas de las expresiones más comunes con las manos:

Detrás de la espalda

Esta suele ser una pose de confianza. El torso y el pecho están expuestos, casi como si el individuo se atreviera a intentar hacerle daño a alguien más. También puede estar haciéndolo para ser visto como digno de confianza y creíble debido a que está físicamente abierto —transmite que no hay nada que ocultar.

Cerradas

Esto muestra algún tipo de infelicidad o incomodidad — típicamente incomodidad o miedo. Con las manos apretadas, la otra persona a menudo trata de calmarse de alguna manera. Cuando los dedos se entrelazan junto con el hecho de estar apretados, el individuo teme que haya un mal resultado o noticia y está tratando de prepararse.

Apretadas

Esto se ve como terquedad o firmeza —la otra persona se niega a ceder. Esto también es algo agresivo y puede mostrar ansiedad e incomodidad.

En los bolsillos

Cuando las manos están en los bolsillos, están escondidas. Esto se ve a menudo como una incomodidad o reticencia, o a veces un nivel de desconfianza en la otra persona.

En el corazón

Esto es visto como un intento de ser honesto. El orador está mostrando que está hablando desde el corazón. Sin embargo, esto también es fácilmente imitado, así que tenga en cuenta otro lenguaje corporal.

Palmas hacia abajo

Cuando las palmas de las manos están orientadas hacia abajo, suele ser una postura segura y autoritaria. Puede que vea a un político pararse así mientras habla, con la mano arriba, pero con la palma hacia abajo. Incluso puede añadir una especie de movimientos de corte para puntuar sus palabras mientras habla.

Palmas hacia arriba

Cuando las palmas de las manos se levantan hacia arriba, a menudo se consideran positivas, especialmente si están al final de los brazos extendidos. Esto muestra confiabilidad y apertura.

Apuntando

Esto es casi siempre un intento de ser autoritario. Se puede volver agresivo con golpes fuertes.

Descansando en las caderas

A pesar de que las manos en las caderas se consideran a menudo agresivas o poco amistosas, en realidad es la postura de disposición y, ocasionalmente, de autoridad.

Steepling

Piense en cómo esperaría ver al malo de la película sentado en su escritorio en un dibujo animado —sus manos se sostienen con las palmas paralelas, sus dedos cada uno descansando contra el dedo de la mano opuesta. Casi parece como si estuviera rezando, pero las palmas no se tocan, solo las puntas de los dedos. Esto se conoce como "steepling". Es una posición dominante, mostrando que es poderoso y está cómodo en su papel.

Temperatura de la mano

Cuando las manos están calientes, la persona suele estar más relajada. Tiene más flujo de sangre a todas las partes de su cuerpo porque no siente estrés. Sin embargo, cuando las manos están más frías, implica que la persona está tensa o estresada y está muy cerca del modo de lucha o huida. Esto se debe a que cuando se siente asustado o ansioso, el cuerpo redirige la sangre hacia el interior, lejos de las extremidades. Por supuesto, también podría ser solo porque la habitación está caliente o fría.

Tocando

A menudo, nos tocamos para transmitir cercanía o familiaridad. Los tipos de toque pueden especificarse aún más: al tocar con toda la mano, con contacto con las puntas de los dedos y la palma de la otra persona, la persona que toca transmite que está muy encariñado con la otra persona y lo suficientemente relajado para un contacto prolongado. Por el contrario, un menor contacto físico, como el uso de las yemas de los dedos, implica una falta de familiaridad o comodidad.

Cabeza

No es sorprendente que la cabeza pueda traicionar los pensamientos —los pensamientos literalmente ocurren dentro de ella. Se puede ver cuánto interés tiene una persona en una situación basada en la posición de la cabeza. Esto es muy útil en el entorno de grupo en particular, ya que las personas tienden a dirigir sus cabezas a las personas más influyentes.

Orientación de la barbilla

La barbilla puede moverse para mostrar un amplio rango de comunicación no verbal. Cuando se inclina hacia arriba, muestra arrogancia, o que la persona cree que es más fuerte o más poderosa. Está mostrando su cuello, la parte más vulnerable de su cuerpo, y no lo haría si no estuviera seguro de poder protegerlo. Cuando se mete, la persona está dando señales de que se siente insegura y no confía en la situación actual.

Asintiendo

Cuando asiente, le está diciendo a la otra persona que está escuchando. Se supone que muestra que ha escuchado lo que dijo, pero aún no está listo para responder. Cuando se hace lentamente, implica que la persona es paciente e interesada, feliz de seguir escuchando lo que usted tiene que decir. Por otro lado, el asentimiento puede ser acelerado si el oyente está impaciente o solo quiere desentenderse. Cuando la inclinación de cabeza es solo un ligero movimiento de la cabeza, se utiliza generalmente como un saludo a alguien

Inclinado

Cuando se inclina la cabeza, a menudo es muestra de interés en lo que se está hablando. Sin embargo, si inclina la cabeza hacia otra persona del grupo que no está hablando activamente, está mostrando interés en esa persona en particular. A menudo, esto se hace hacia el líder del grupo, o alguien que naturalmente dirige el grupo. Puede inclinar la cabeza hacia atrás para mostrar desconfianza o sospecha, o puede inclinarla hacia alguien, mostrando confianza.

Piernas y pies

Cuando las personas intentan controlar su lenguaje corporal, a menudo se olvidan de sus piernas y pies. Debido a que no intentan alterar la posición de sus piernas, son indicadores fiables. Observe a algunas de estas posiciones más reveladoras tanto para las piernas como para los pies.

Rebotando en el lugar

Piense en un niño que literalmente rebota en anticipación de ese helado que ha estado anhelando —los adultos también lo hacen. A menudo, el comportamiento es un poco apagado, pero los adultos rebotan en su lugar, generalmente en sus talones, cuando se emocionan. Sin embargo, el rebote también puede ser inquietud o molestia cuando la persona trata de aliviar algo del exceso de energía nerviosa.

Orientado alejado de usted

Mire los pies de la gente y la forma en que señalan cuando habla con ellos. Si están apuntando lejos de usted, el individuo ha perdido el interés o el enfoque. También puede que solo quiera que la conversación termine. Cuando esto ocurra, intente identificar a qué apuntan los pies, si apuntan a la salida, la persona probablemente quiera irse. Si apuntan hacia otra persona, es probable que quieran ir a hablar con la otra persona en su lugar.

Orientado hacia usted

Sin embargo, cuando los pies se apuntan hacia usted, esto significa que el oyente está activamente involucrado en la conversación. Está interesado en lo que se dice y está feliz de seguir hablando. También puede mostrar un nivel de confianza en lo que se está diciendo, e implica una buena relación entre los dos.

Dedos en punta/pies hacia arriba

A veces, la gente gira sobre sus talones y deja que los dedos de los pies apunten hacia el cielo. Esto se hace normalmente por satisfacción, como cuando se está en el teléfono y descansando con un pie arriba. También puede mostrar emoción o felicidad, especialmente cuando se combina con sonrisas.

Capítulo 3: Entendiendo la empatía

Empatía —la mayoría de nosotros la tenemos. Es esa sensación que se tiene cuando se mira a alguien y se comprende al instante exactamente lo que está sintiendo, solo con una mirada. Usted puede ver a una madre de tres hijos caminando por la tienda de comestibles con los niños llorando y sentir instantáneamente su vergüenza. O tal vez usted ve a un indigente a un lado del camino y su corazón se siente como si hubiera sido apuñalado. Usted siente sus emociones cuando empatiza con ellos. Es como leer la mente de la naturaleza.

¿Qué es la empatía?

En los términos más sencillos posibles, la empatía es la habilidad de un individuo para reconocer, entender y sentir lo que otra persona está sintiendo. Es lo que se quiere decir cuando la gente le dice que se ponga en el lugar de otra persona —usted es capaz de preguntarse cómo se sentiría si los papeles se invirtieran, y es capaz de imaginarlo. Hay tres tipos de empatía: emocional, cognitiva y compasiva. Cada una de ellas funciona de forma un poco diferente y cumple un papel diferente, pero importante.

La empatía emocional es cuando usted es capaz de sentir las emociones de la otra persona como propias. Puedes estar con una amiga en el centro comercial y asumir sus sentimientos mientras le habla de algo. El hecho de estar con ella mientras está nerviosa es suficiente para enfurecerle también.

La empatía cognitiva es su habilidad para entender lo que alguien está sintiendo y pensando. Usted es capaz de predecir sus pensamientos porque es capaz de ponerse en el lugar de otra persona. Es posible que no sienta lo que la otra persona está sintiendo, o que lo sienta en mucho menor grado, pero sí lo entiende.

La empatía compasiva es ligeramente diferente de la empatía cognitiva y emocional. Con la empatía compasiva, usted comprende por lo que alguien está pasando, y siente sus sentimientos al igual que si pasara tiempo con ellos, y ese sentimiento y comprensión le estimula a ayudar. Este tipo de empatía combina las otras dos formas de empatía, y luego las combina para crear un individuo que está feliz de ayudar a otras personas y que ama asegurarse de que todos sean atendidos.

Estas formas de empatía son increíblemente importantes de entender —la empatía es un gran motivador para las personas, así que, si usted quiere ser capaz de influir en otras personas, también tiene que entender primero lo que les hace funcionar como individuos. Eso suele implicar empatía —reconoce los sentimientos de la otra persona. Siente lo que ellos están sintiendo. Y lo usa para conocer mejor a esa persona, lo que le permite influenciarla mejor en el futuro.

Propósito de la empatía

Parece que hay al menos tres fuerzas motrices detrás del desarrollo de la empatía. Estas tres fuerzas realmente abarcan lo mejor de lo que la empatía puede hacer dentro de las relaciones. Con estas fuerzas, la humanidad se ha desarrollado de una manera que beneficia la supervivencia de todos.

La empatía permite el desarrollo de la conexión social entre los individuos. Cuando usted es capaz de entender cómo se sienten los demás, usted es capaz de adaptar sus propias acciones al estado mental de la otra persona. Piense en esto de manera práctica —si la otra persona parece agitada, es poco probable que usted se burle de ella. Del mismo modo, si la otra persona parece estar triste, es posible que quiera ofrecerle apoyo porque puede ver con una mirada que lo necesita. Esto aumenta el vínculo entre los dos, fomentando una mejor relación. Cuando usted es capaz de responder adecuadamente a las emociones de los demás, evita fomentar el resentimiento o desencadenar una gran pelea. Sabe cuándo retroceder y cuándo ofrecer apoyo.

La empatía también le proporciona una retroalimentación que puede utilizar para manejar sus propias emociones. Cuando usted ve cómo sus conductas impulsadas por las emociones afectan a las personas que le rodean, comienza a reconocer las razones para controlar sus propias emociones. No desea infligir daño a otras personas o hacerlas sentir mal, por lo que mantiene sus propias emociones bajo control. La capacidad de regular las emociones es esencial para navegar con éxito por la sociedad, ya que nadie va a estar muy contento con usted si arremete cada vez que se enfada, o si se molesta por nada importante. Cuando usted está regulado emocionalmente, es más fácil trabajar con usted y se convierte en un miembro de la sociedad que contribuye mejor.

Por último, la capacidad de empatizar le anima a comportarse de manera que no le beneficie directamente, sino que ayude a mejorar la situación de su grupo. Es mucho más probable que usted tenga comportamientos compasivos, desinteresados y útiles cuando tiene la capacidad de empatizar simplemente porque es capaz de ver y sentir el dolor de otro y desea ponerle fin. Cuando usted está más dispuesto a ayudar a otras personas y lo hace de buena gana y sin esperar nada a cambio, aumenta la probabilidad de que agradarle a esa otra persona. Cuando usted les agrada, es mucho más probable que correspondan a los comportamientos, y es mucho más probable que le ayuden cuando lo necesite.

Piense en la empatía como el comportamiento impulsor que está detrás de la capacidad de vivir en un grupo social —la empatía aumenta drásticamente la probabilidad de que usted y los que te rodean puedan vivir juntos en relativa paz, felicidad y salud. Todo el mundo se dedica a cuidar de los demás cuando es capaz de empatizar, y las personas se interesan mucho más por los comportamientos desinteresados. Quieren que otras personas prosperen simplemente porque ellos lo hacen, sin expectativas de retorno, y es más probable que la gente les devuelva el favor más adelante.

Cómo importa la empatía

Más allá de las razones de supervivencia, la comprensión de la empatía puede ser crucial cuando se está interesado en influir y persuadir a otras personas. Si usted quiere que cooperen con usted, necesita entender los estados mentales de los demás. Necesita ser capaz de ver qué es lo que quieren de un vistazo para entender cómo atender a su estado de ánimo particular en ese momento concreto. Cuando usted puede hacer eso, puede servir mejor a las otras personas, lo que a su vez le permite eventualmente cosechar los beneficios. Si es más probable que las personas ayuden a quienes les han ayudado en el pasado, puede utilizar esto a su favor cuando intente persuadir a otros.

Por eso los mejores líderes son tan naturalmente empáticos —están interesados en ayudar a la gente, y ese interés en ayudar a la gente se devuelve con lealtad y cooperación. El líder puede ayudar a la gente, que entonces siente a cambio una lealtad legítimamente ganada, y esa lealtad viene con el respeto y la autoridad naturalmente desarrollada que el líder necesita para ser eficiente.

Ahora, imagine que puede influir en otras personas para que crean que usted también merece ese trato. Podría hacer que la gente le ayudara. Podría convertirte en un candidato deseado para un rol de liderazgo. Podría desarrollar la relación que necesita con los demás simplemente comprometiéndose de manera empática.

Parte II
Formas de persuadir

Capítulo 4: Psicología oscura

La psicología oscura se refiere a la habilidad de manipular y controlar las mentes de los demás. Típicamente implica tanto manipulación como coerción. En las manos equivocadas, puede ser absolutamente devastador, pero comprender lo que es puede ser la diferencia entre ser manipulado y ser capaz de utilizar los conceptos dentro de la psicología oscura sin ser víctima de la oscuridad subyacente. Usted puede usar los conceptos sin ser malvado o malicioso, aunque hay una línea bastante fina entre usarlo de manera ética y caer en la oscuridad.

¿Qué es la psicología oscura?

En su raíz, la psicología oscura es todo acerca del control de la mente. Usted es capaz de influir en lo que otras personas piensan o hacen, entendiendo el funcionamiento interno de la mente de la otra persona. Puede persuadirlos para que se comporten de ciertas maneras, haciéndoles sentir que lo que han hecho es por su propia voluntad, aunque usted esté detrás de la escena, orquestando las acciones todo el tiempo. Puede motivar a la gente para que le ayuden ayudándoles primero. Sabe que es más probable que ofrezcan ayuda si usted les ayuda primero simplemente porque la gente tiende a corresponder. Cuando entiende cómo funcionan las mentes de los que le rodean, puede empezar a utilizarlo a su favor

Usos de la psicología oscura

La psicología oscura se utiliza ampliamente en una amplia gama de escenarios, algunos de los cuales son de naturaleza más siniestra, mientras que otros se consideran típicamente como mucho menos dañinos. Cada uno de los siguientes grupos utiliza conceptos incluidos en la psicología oscura para obtener los resultados deseados: Religión, política, cultos, organizaciones terroristas, abusadores y vendedores, todos dependen en gran medida de los conceptos de la psicología oscura, moviendo los hilos a espaldas de otras personas para conseguir lo que quieren.

Religión

La religión se basa en la conformidad. Se espera que usted se conforme a un cierto conjunto de creencias, en las que con mayor frecuencia se le adoctrinó cuando era niño y luego se le animó a seguir hasta la edad adulta. La religión, aunque parezca inofensiva, en realidad utiliza varias técnicas de psicología oscura para mantener a la gente en línea y siguiendo la doctrina. Típicamente, esto se ve como una especie de amenaza o castigo si no se sigue —podría ser ir al infierno en vez de a algún tipo de paraíso o al cielo después de la muerte, o podría ser una amenaza de excomunión y abandono. Estas amenazas juegan con dos grandes miedos de la gente —perder la comunidad y una amenaza de sufrimiento eterno, y es más probable que la gente obedezca.

Política

Los líderes políticos suelen emplear varias técnicas diferentes de psicología oscura que son útiles para manipular la mente de otras personas. Se sostienen a sí mismos de ciertas maneras, redactan las cosas de manera que la gente crea que pueden empatizar mejor, y hablan de manera que inspiran a otras personas a seguirlos. A menudo utilizan tácticas de alarmismo, prometiendo resultados que a nadie le gustarán si la gente se opone a ellos. Usan posturas destinadas a transmitir poder y autoridad, y la gente cae en ellas. La gente cae en el lenguaje corporal artificial que usan los políticos, y los políticos ganan.

Cultos

Los cultos, especialmente los destructivos, son increíblemente explotadores. Se consideran totalitarios, lo que significa que buscan ganar el control sobre la otra persona por completo. Con frecuencia se involucran en varias formas de reforma del pensamiento para ganar control sobre la mente de la otra persona. Estos cultos se basan en el seguimiento autoritario y conducen a una amplia gama de tácticas de manipulación. Los cultos se basan en el carisma de sus líderes, el engaño, el aislamiento, los métodos de reforma del pensamiento, las demandas de lealtad y devoción, creando una división entre los que siguen el culto y los extraños, el lenguaje del culto o la jerga que es difícil de entender y seguir si no se es miembro, y tanto control como sea posible sobre la existencia diaria de los miembros. Todo esto culmina en un grupo que busca manipular y controlar a los miembros de una manera que exige una lealtad absoluta. Así es como la gente es absorbida —se les atrae con falsas promesas y se les va cortando su propia personalidad y pensamientos, poco a poco, día a día, hasta que finalmente, lo único que queda es una herramienta para ser usada. Cuando está bajo el control de los líderes del culto, el líder puede comandar casi cualquier cosa y los seguidores lo harán. Esto es lo que los hace tan destructivos —los miembros son esencialmente convertidos en armas sin sentido, dispuestos a hacer lo que sea para mantenerse a favor.

Terrorismo

Los grupos terroristas siguen métodos similares a los de los cultos para poner a la gente en fila —prometiendo al mundo su absoluta devoción. Atraen a la gente con valores idealizados y líderes carismáticos, y destrozan a la gente hasta que están dispuestos a hacer cualquier cosa, incluso si se trata de suicidio. Se ven a sí mismos como una parte del todo; una parte del cambio que usarán para cambiar el mundo para mejor, y se alegran de dar sus propias vidas, o las vidas de sus seres queridos, para lograrlo.

Abuso

A los abusadores les encanta utilizar la psicología oscura: utilizan el funcionamiento interno de las mentes para introducirse en la vida de sus víctimas y arraigarse firmemente como un miembro integral, aprovechando al mismo tiempo la tendencia de las personas a querer mantener sus relaciones con sentido. El abusador bombardea de amor a la víctima, lo que significa que la baña en amor, atención y afecto para enganchar a la víctima a él antes de revocar repentinamente la atención, haciendo que la víctima lo ansíe y haga todo lo necesario para recuperar el amor. Este tipo de táctica de manipulación y uso de la psicología oscura se ve a menudo con los narcisistas en particular con el fin de obtener lo que el narcisista quiere.

Ventas

Incluso algo tan inocente como las ventas puede estar plagado de oscuras tácticas psicológicas. Los mejores vendedores pueden convencer intuitivamente a la gente para que compre, aprovechando las tendencias inconscientes, apelando a las emociones, e incluso secuestrando el lenguaje corporal de la otra persona para lograr el resultado deseado. Los vendedores reciben un pago basado en sus ventas, por lo que harán todo lo necesario para obtener los resultados deseados. Apelarán al miedo de un padre a un accidente de coche para vender a un vehículo más seguro. Usarán la experiencia cercana a la muerte de una persona para vender seguros de vida. Cambiarán su propio lenguaje corporal para convencer a la otra persona, captando pequeños indicios aquí y allá y actuando sobre ellos para obtener los resultados deseados.

Identificando la psicología oscura

A menudo, identificar si está siendo manipulado es difícil. El único propósito de muchas de estas tácticas de manipulación o coerción es que son imperceptibles. Ocurren tan fácilmente que el individuo que está siendo manipulado nunca se da cuenta de que está sucediendo. Espera hasta que están completamente enganchados antes de tirar de la soga y obtener los resultados que quiere, y debido a este paciente tipo de comportamiento final, el que está siendo manipulado nunca se da cuenta.

Sin embargo, frecuentemente hay señales sutiles de que está sucediendo la manipulación o la coerción. Estas señales tienden a ser pasadas por alto por las personas que sienten que están pensando demasiado, especialmente si el manipulador es alguien de confianza y les asegura que están pensando demasiado en las cosas. A menudo, estas señales de alerta implican los propios comportamientos y sentimientos de la víctima.

Uno de los mayores identificadores es la intuición: puede sentir que algo está mal, pero lo acepta de todas formas. A menudo, esto sucede con personas que tienen menos confianza en sí mismas y están más dispuestas a apartar sus propios pensamientos. Estas personas tienden a ser individuos objetivo simplemente porque son fáciles de manipular —¡ellos mismos hacen la parte difícil! Se convencen a sí mismos de no preocuparse o de que lo que está pasando no es un gran problema, y eso permite al manipulador salirse con la suya más fácilmente.

Otra gran bandera roja es cuando usted se sorprende a sí mismo pensando algo que nunca pensó que serían sus propios pensamientos. Es probable que alguien más le haya influido para que tome esa posición, aunque no es una posición hacia la que se incline naturalmente. Cuando esto sucede, especialmente si su pensamiento es uno que causa esa sensación de disonancia cognitiva desencadenada en el conflicto entre el pensamiento y la creencia, es posible que desee reevaluar si las cosas van de acuerdo con el plan.

Otra señal de alerta es sentirse aislado y presionado de alguna manera. Las personas con intenciones honestas no se sentirán presionadas a tomar decisiones inmediatamente si no se trata de una situación de vida o muerte. Puede esperar el día para tomar la decisión de comprar el coche o la casa. Debería ser capaz de hablarlo con su cónyuge, amigos o familia para intercambiar ideas. Si siente que sus seres queridos están siendo excluidos de su vida por alguna razón, probablemente hay una razón para ello, y es que está siendo manipulado.

Resistiendo a la psicología oscura

Para resistir la psicología oscura, primero debe ser consciente de algunas de las formas en que la gente se vuelve susceptible a ella en primer lugar. Con mayor frecuencia, estas personas son las que son confiadas y empáticas. Están dispuestos a tomar la palabra de alguien más sobre cómo va algo porque no sienten que la gente en este mundo sea manipuladora. Sin embargo, la gente es manipuladora. La gente puede ser malvada. La gente usará a los demás, especialmente si se benefician. Aquellos que usan la psicología oscura por razones maliciosas tienden a no tener reparos en sacrificar a otros, siempre y cuando obtengan los resultados deseados.

Los que tienen una baja autoestima también tienden a ser blancos fáciles. Confiarán en las palabras del manipulador al pie de la letra, lo que les hará convencerse fácilmente de que están equivocados, o de que han interpretado las cosas incorrectamente. Incluso se convencerán de ello si se les da la oportunidad.

Con eso en mente, hay tres consejos fáciles para evitar o resistir la psicología oscura.

Confíe en su instinto

Siempre debería al menos escuchar las reacciones de su instinto. Aunque estas pueden ser poco fiables y pueden ser influenciadas a veces, también puede usarlas para notar cuando algo parece estar mal. Si usted siente que algo está mal, o tiene esa sensación en el estómago que le indica que está incómodo de alguna manera, debe escucharlo. Tómelo como una señal para estar alerta y no intente reprimir la sensación. No trate de desacreditar su intuición —sirve un propósito valioso. Usted debe detenerse y analizar su situación, determinando si la intuición es correcta o no. Una vez que usted confía en esa intuición, puede pasar al segundo paso: Comprobación de hechos.

Cuestionar y verificar los hechos

Nunca tema hacer preguntas, sobre todo si tiene esa sensación de molestia en sus entrañas. Usted debe hacer preguntas, desafiar a la otra persona, y estar dispuesto a pedir pruebas o comprobar lo que se ha dicho. Por ejemplo, si usted está comprando un coche usado, siéntase libre de hacer todas las preguntas que quiera. Presione el punto, pida informes sobre el vehículo. Si la otra persona parece resistirse, puede estar siendo deshonesta o engañosa de alguna manera. Si usted escucha algo en un debate de un candidato presidencial o durante un discurso político, debe verificar los hechos antes de aceptarlo como verdadero. La gente distorsionará la forma de presentar las cosas para obtener los resultados deseados, y siempre se debe ser consciente de ello. Si alguien intenta presionarle, no se sienta obligado a ceder y pregúntese por qué debería hacerlo. Pregúntese si el comportamiento es correcto, si coincide con sus ideales, y cómo es beneficioso. Si usted puede detenerse y ver los comportamientos o intentos de manipulación por lo que son, usted no va a ser tan susceptible. Si su cónyuge le molesta para hacer algo, pero usted se siente incómodo con ello, está bien preguntarse por qué debe hacer algo y tomar la decisión por su propia voluntad en lugar de simplemente ceder a la apelación de autoridad de la otra persona.

Desarrollar la autoestima

Dado que los más susceptibles a la manipulación y la coacción son los que sufren de baja autoestima, desarrollar esa autoestima es crucial. Hacerlo significa que usted no intentará restarles importancia a sus propias reacciones. Al desarrollar la autoestima, esencialmente usted se dice a sí mismo que es un juez confiable de lo que está sucediendo a su alrededor y de lo que debería seguir sucediendo a su alrededor. Puede determinar si las cosas son correctas o incorrectas, y reconoce que sus posiciones sobre las cosas son exactas. Al decidir esto, usted es capaz de resistir los intentos de intimidación para creer las palabras de la otra persona. Confiará en sus propias palabras lo suficiente como para no dejarse influenciar.

Capítulo 5: Inteligencia emocional

La inteligencia emocional implica formas de persuadir a los demás, pero de una manera mucho más honesta que intentar secuestrar los pensamientos de otra persona. Cuando usted actúa con inteligencia emocional, está actuando de manera honesta transmitiendo realmente sus convicciones. Los que tienen inteligencia emocional son los que pueden actuar de maneras que a la gente le gusta ver. Otras personas naturalmente gravitan hacia aquellos con inteligencia emocional porque aquellos con altos coeficientes de inteligencia emocional realmente se preocupan por otras personas. Son capaces de manejar sus propias emociones con las emociones de otros, y casi han perfeccionado el acto de malabarismo entre sus propios deseos y necesidades y los deseos y necesidades de otros. Verdaderamente apasionados por los demás y su felicidad, estas personas son más felices que la mayoría, y tienen que hacer muy poco para convencer a los demás de que les ayuden por propia voluntad. De todos los tipos de persuasión, esta es probablemente la más orgánica —evoluciona por sí sola sin que la persona tenga que modificar su propio comportamiento. Es un dar y recibir natural para algunos, pero es aprendido por otros, y deja a todos más felices y en una mejor posición que antes.

¿Qué es la Inteligencia Emocional?

La inteligencia emocional es otro tipo de inteligencia propuesta junto a la inteligencia tradicional, que se refiere a las habilidades cognitivas que un individuo puede tener. El cociente de inteligencia emocional (EQ) se ve a menudo junto al cociente de inteligencia (IQ) cuando se discute la inteligencia general de un individuo. En última instancia, mientras que los que tienen un mayor CI pueden ser capaces de comprender y hacer más, los que tienen un mayor QE tienen muchas más probabilidades de tener éxito en su vida personal y profesional. Son capaces de navegar por la sociedad mucho más fácilmente que alguien con un menor EQ y un mayor CI, lo que significa que es probable que encuentren el placer más fácil que otros. Pueden crear relaciones significativas mucho más fácilmente, y tienden a tener las habilidades sociales necesarias para una interacción exitosa con los demás. Un mayor EQ es tan increíblemente valorado que a menudo es considerado mucho más valioso que tener un mayor CI, e incluso los empleadores tenderán a elegir a la persona con un mayor EQ en lugar de alguien con un menor EQ y un mayor CI porque aquellos con un mayor EQ son probablemente un mejor empleado y compañero de trabajo, incluso si no necesariamente están tan capacitados en ese trabajo en particular.

La inteligencia emocional es principalmente un conjunto de habilidades. Algunos, nacen con la capacidad de ser naturalmente inteligentes emocionalmente. Otros aprenden a hacerlo después, practicando. Es una forma de pensar en la que se reconoce que la clave del éxito está en manejarse primero a sí mismo para gestionar y facilitar las relaciones con los demás. Implica la introducción en los estados mentales de otras personas y el uso de esa comprensión empática para ayudarse a sí mismo a mejorar la situación de todos en lugar de centrarse en sí mismo. No es manipulador, implica que las otras personas decidan por sí mismas que quieren seguir, desarrollando una relación natural entre el individuo con un alto nivel de QE y aquellos que lo rodean.

Aquellos con este conjunto de habilidades son más felices que aquellos que luchan con sus emociones. Son más exitosos en sus vidas. Están más tranquilos porque saben que otras personas legítimamente les cubren las espaldas y no actúan por coacción. Tienen la lealtad de los que les rodean, y esa lealtad fue ganada legítimamente a través de sus propios comportamientos. Es merecida en lugar de forzada o fingida, y eso diferencia a los que tienen un alto nivel de QE de los demás.

En última instancia, la inteligencia emocional se compone de tres habilidades distintas. Cada una de ellas actúa en conjunto para crear líderes bien formados y naturales. Las personas con altos niveles de inteligencia emocional son:

- Capaces de identificar las emociones de ellos mismos y de los que les rodean.
- Capaces de usar esas emociones y aplicarlas a la resolución de problemas y al pensamiento sin dejar que las emociones las influyan negativamente o impulsivamente.
- Capaces de manejar sus propias emociones, así como de influir en las emociones de los que les rodean: pueden consolar a una persona histérica, o calmar a alguien en la agonía de la ira.

Rasgos de la inteligencia emocional alta

Los que tienen altos niveles de inteligencia emocional suelen tener varios rasgos clave que son resultado de sus habilidades. A continuación, se presentan los siete rasgos más comunes compartidos por individuos altamente inteligentes emocionalmente. A medida que lea esta lista, intente pensar en las formas en que estos rasgos se prestan naturalmente para desarrollar una relación natural e inspirar a la gente a ayudar en cualquier forma que el individuo pida.

Autoconsciente

Los individuos emocionalmente inteligentes son conscientes de sí mismos. Conocen sus propios sentimientos, sus propias fortalezas y debilidades, y usan este conocimiento para su beneficio. No les importan las críticas o comentarios de otras personas, especialmente cuando se relacionan con sus debilidades, y siempre están tratando de mejorarse a sí mismos en formas que la mayoría de la gente nunca pensaría que fuera posible.

Equilibrado

Las personas con alta inteligencia emocional también tienden a cuidarse casi meticulosamente. Saben que no van a tener éxito si no dan prioridad al cuidado de sí mismos, así que hacen exactamente eso: se priorizan a sí mismos. Comen bien, duermen bien y hacen ejercicio. Cuando se cuidan a sí mismos, pueden cuidar mejor de los demás.

Optimista

El individuo de alto coeficiente intelectual no se preocupa por fallar. Incluso en el fracaso, hay cosas que se pueden aprender, y nada es completamente inútil. Siempre encuentran lo bueno en las situaciones, ya sea tratando el incidente como una experiencia de aprendizaje o encontrando alguna otra consecuencia imprevista que pueda funcionar bien para ellos. Esto puede ser muy inspirador para otros, y permite a la persona con alta inteligencia emocional llegar a ser bastante flexible, siempre rodando con golpes porque hay algo bueno en todo.

Empático

El individuo de alto coeficiente intelectual también es bastante empático. Ya hemos discutido por qué la empatía es importante en su propio capítulo, pero para reiterar, al confiar en la empatía, los individuos tienden a inclinarse hacia comportamientos que son útiles, incluso si no reciben nada a cambio. Esto permite a un individuo tener más éxito y ser más capaz de triunfar que alguien que no empatiza.

Inspira el cambio

El individuo emocionalmente inteligente no teme al cambio, buscará convertirse en el catalizador del cambio si cree que es lo correcto. Conoce sus propios valores, y actuará con integridad, incluso si siente que lo que cree que es correcto es menos popular o menos apoyado. Siempre seguirá sus valores como guía, y los usará para inspirar el cambio donde crea que es necesario.

Curioso y dispuesto a cuestionar

El individuo con alta inteligencia emocional está interesado en el mundo que le rodea. Quiere ver cómo funciona la gente y qué les hace funcionar. Observa cómo se desarrollan las situaciones y no teme hacer preguntas para entender la perspectiva de alguien más. Está feliz de aprender cómo piensan los demás, y usará ese nuevo conocimiento para asignar mejor las tareas a la gente.

No teme al fracaso o a la imperfección

Los que tienen un alto nivel de inteligencia emocional no rehúyen la imperfección o el fracaso. Entienden que el fracaso es una parte natural de la vida, y en lugar de condenarlo, deberían celebrarlo. Después de todo, el fracaso es solo otra marca en la lista de cosas que no se deben hacer: fue una experiencia de aprendizaje, y eso es valioso por derecho propio.

Juntos, todos estos rasgos se combinan para crear el individuo de alto nivel de EQ. Estos rasgos crean líderes pacientes, empáticos e inspiradores hacia los que la gente gravitará naturalmente. Ellos querrán ayudar a la persona con un alto nivel de EQ porque esa persona no los castigará. Escuchará las preocupaciones y quejas con gracia y las tomará en consideración. Buscará beneficiar a otras personas también, empatizando estrechamente con ellos, y usando esa empatía como una especie de retroalimentación para sí mismo y lo que está haciendo. Normalmente no puede ser fácilmente viciado, ya que tiene sus propios valores en su corazón. Estará feliz de cambiar de planes si las cosas no funcionan sin temor a admitir que está equivocado porque estar equivocado no es algo de lo que avergonzarse. En general, estos rasgos se combinan y hacen de un líder increíblemente efectivo.

Los cuatro dominios de la inteligencia emocional

En la inteligencia emocional, hay cuatro dominios principales de habilidades que se combinan para crear la inteligencia completa. Cada uno de estos cuatro dominios abarca un tipo diferente de habilidades que se construyen sobre las habilidades que vinieron antes en una especie de pirámide. La autoconciencia crea la base para la autorregulación, que establece el escenario para la conciencia social, y cuando los tres conjuntos de habilidades se combinan, pueden crear un manejo efectivo de las relaciones.

Autoconciencia

Como el nivel más fundamental de la inteligencia emocional, la autoconciencia se centra en el yo. Es la búsqueda de la comprensión del propio ser de un individuo, ya que sin tener el conocimiento fundamental de sí mismo, ¿cómo puede esperar entender a los demás? Quienes tienen conciencia de sí mismos son capaces de reconocer y etiquetar con precisión sus propias emociones, así como de comprender sus fortalezas y debilidades, y sus propios valores. Se conocen a sí mismos íntimamente, y utilizan ese conocimiento y comprensión de su propia mente para crear las bases para resto de la inteligencia emocional. Las habilidades asociadas con este dominio incluyen:

- Reconocer sus propios estados emocionales y cómo esos estados emocionales impactan en otras áreas de su vida personal.
- Ser capaz de identificar con precisión sus propias fortalezas y debilidades.
- Tener una idea precisa de su propia autoestima y de lo que es capaz de lograr.

Autorregulación

La autorregulación se refiere a la capacidad de manejar las propias emociones. Usted sabe cómo identificar sus emociones, y ahora empieza a asegurarse de que sus respuestas a esas emociones se regulen de manera que sean eficaces y beneficiosas, en lugar de ceder simplemente a cualquier impulso que haya sentido. Cuando se es hábil en la autorregulación, se puede identificar cómo le hace sentir el mundo exterior, y se pueden manejar esos sentimientos de manera madura. Generalmente tiene una fuerte comprensión de sus propios comportamientos y acciones, y puede usar esa fuerte comprensión en su beneficio. Las habilidades asociadas con este dominio incluyen:

- Ser capaz de controlar los impulsos emocionales.
- Ser digno de confianza, honesto y actuar siempre de manera fiel a sus propios valores personales.
- Ser flexible porque entiende cómo regular sus emociones, incluso en momentos de estrés, para asegurarse de que todo vaya bien.
- Ser optimista y reconocer que siempre hay oportunidades para mejorar la situación, y aprender de los fracasos.
- Estar dispuesto a tomar la iniciativa para desencadenar un cambio en el statu quo, incluso cuando su opinión sea actualmente impopular.

Conciencia social

La conciencia social se refiere a su capacidad de reconocer, comprender y responder a lo que necesitan los que le rodean. Esto a menudo se compara con un buen servicio al cliente, porque los buenos representantes de servicio al cliente son capaces de hacer todo lo que este dominio abarca. Son buenos para entender lo que su cliente o consumidor necesita, y son capaces de responder a ello con facilidad. Aquellos que son hábiles en la conciencia social están en sintonía con lo que la gente que les rodea está pensando, y son capaces de hacer que otras personas se sientan cómodas a su alrededor. Las habilidades clave de este dominio son ser:

- Altamente empático y en sintonía con los pensamientos, sentimientos, necesidades y preocupaciones de otras personas.
- Capaz de entender cómo funcionan las interacciones dentro de un grupo y lo que implica la política de ese grupo.
- Capaz de satisfacer las necesidades de los que les rodean con precisión y rapidez, incluso sin provocar.
- Capaz de ganar la confianza de los demás y construir una relación natural y efectiva.

Gestión de las relaciones

El último de los cuatro dominios de la inteligencia emocional es el manejo de las relaciones. Esta es la habilidad que desarrollan los líderes y es donde entra la mayor influencia. Este dominio permite que se construya una conexión entre uno mismo y los demás que deja a la otra persona sintiéndose apoyada y escuchada. Esto significa que la otra persona se siente intrínsecamente valorada por usted, y cuando la otra persona se siente valorada, es más probable que siga su ejemplo, creyendo que usted solo tiene lo mejor en mente. Esta es la habilidad que culmina con los anteriores dominios de la inteligencia emocional para crear un líder completo, respetado y merecedor. Este dominio abarca las siguientes habilidades:

- Habilidad para influenciar a otros sin depender de la manipulación. No usa nada más que sus palabras y comportamientos sinceros para mostrarle a la otra persona por qué debe hacer lo que le pide, y típicamente están de acuerdo y lo hacen.
- Habilidad para ser un líder inspirador. Crea y sigue una visión con integridad y pasión, y es capaz de motivar a otros a seguirla.
- Habilidad para entender las fortalezas y debilidades de otras personas, y también usar esa habilidad para desarrollar a las otras personas. Proporciona la retroalimentación necesaria para mejorar a los que le rodean de manera que sea con tacto y bien recibida.
- Capacidad de reconocer cuando se necesita un cambio, y la voluntad de ser el catalizador y la fuerza impulsora de ese cambio.
- Capacidad de resolver conflictos rápida y fácilmente de manera justa para todos los involucrados y que desactiven el conflicto sin arruinar las relaciones.
- Capacidad para crear equipos que trabajen juntos de manera efectiva y sin problemas, tanto a nivel personal como profesional. Es capaz de reconocer cómo los puntos fuertes de las diferentes personas pueden complementar y apoyar las debilidades de los demás, y es capaz de organizar a las personas de la manera que tenga más sentido para todos los involucrados.

Cómo la inteligencia emocional influye en los demás

Las personas con una alta inteligencia emocional influyen naturalmente en otros de manera que otros encuentran justa y equitativa. Son capaces de influir en la gente para que hagan lo que crean que es justo, simplemente pidiendo a los demás porque la gente ya los respeta. Esto lleva a muchos tipos diferentes de relaciones exitosas, que van desde el liderazgo hasta la pareja Las relaciones de todo tipo son mejoradas y construidas a través de altos niveles de inteligencia emocional. Estas son algunas de las formas en que las personas con altos niveles de Inteligencia Emocional tienen más éxito en varios contextos diferentes:

Líderes y gerentes emocionalmente inteligentes

El líder o jefe emocionalmente inteligente es capaz de crear un flujo fluido entre las personas a su cargo. Ve cómo las personas interactúan entre sí y es capaz de dar a cada persona un trabajo adaptado a sus propias habilidades y competencias que ayuda al equipo. Es capaz de resolver conflictos antes de que se conviertan en un problema y de fomentar una buena relación entre todos los miembros de su equipo. Es hábil para entender lo que la gente necesita, incluso cuando no se lo han dicho, y es ampliamente respetado por hacer todo lo que puede para ayudar a los demás. A menudo pregunta cómo puede ayudarles y se bajará y ayudará con su trabajo en lugar de decirles que se den prisa y completen lo que sea necesario. No teme ayudarles, y lo hará con gusto, mientras escucha los consejos de los que están a su cargo cuando le sugieren formas de mejorar sus habilidades y relaciones con ellos. La gente lo respeta lo suficiente como para querer hacer lo que pide, ya que ha demostrado una y otra vez que solo tiene sus mejores intereses en el corazón.

Compañeros de trabajo emocionalmente inteligentes

Un compañero de trabajo emocionalmente inteligente es capaz de manejarse bien, prestando atención a sus propias interacciones y asegurándose de no sobrepasar o molestar a los demás. Hará todo lo posible para asegurarse de completar su propio trabajo según sus propios estándares personales, en lugar de solo según el estándar que se espera de él, y también tratará de apoyar a los demás. Comprende cómo leer a los demás y, debido a eso, tiende a manejar bien su propio comportamiento, ya que puede captar las señales de los demás. Por lo general, es un placer estar cerca de él porque equilibra las necesidades de los demás con las suyas propias y siempre está dispuesta a ayudar cuando es necesario. Como está tan atento a las necesidades de los demás, los demás no suelen tener ningún problema en ayudarle cuando él siente la necesidad de pedir ayuda.

Parejas emocionalmente inteligentes

En un matrimonio o relación, la inteligencia emocional puede hacer o deshacer toda la asociación. Si un individuo no es emocionalmente inteligente, es probable que se enfrente y sea sensible, que se deje llevar fácilmente por las emociones y las pasiones, lo que hace que sea mucho más probable que diga o haga cosas de las que se arrepienta cuando inevitablemente haga enojar a su pareja, o cuando su pareja inevitablemente le haga enojar a él. Sin embargo, con un mayor nivel de inteligencia emocional, la pareja es capaz de resolver conflictos sin dejar que sus emociones le lleven a tomar malas decisiones o a decir cosas de las que se arrepienta. Son capaces de manejar mejor las relaciones y satisfacer las necesidades de la otra persona cuando son capaces de empatizar más, y esto lleva a relaciones generalmente más felices. Cada persona se compromete profundamente a reconocer cómo ayudar al otro, y esta capacidad de mantenerse firme, sin dejarse llevar por las emociones, crea una confianza y una relación profundas dentro del otro que permite que cada uno pida lo que necesita y lo consiga. El tipo de influencia que esto desarrolla es de una confianza profundamente arraigada en el otro; saben que la otra persona no los guiará mal, y harán lo que se les pida.

Padres emocionalmente inteligentes

Los padres que son emocionalmente inteligentes a menudo tienen más facilidad para manejar los sentimientos de sus hijos. Son capaces de hablar a sus hijos de manera que puedan calmar las situaciones, mitigar los conflictos y mostrar a los niños cuáles son los comportamientos correctos. No es probable que recurran a los castigos, especialmente no a la primera cosa, y están dispuestos a gastar el tiempo y la energía para hablar de los problemas en lugar de limitarse a decirle al niño lo que tiene que hacer.

Debido a que estos padres se ponen al nivel del niño y lo acompañan, los niños están más dispuestos a obedecer. Ven que el problema se maneja con empatía y respeto, y aprenden a interiorizarlo e imitarlo. Cuando el padre es capaz de empatizar con el niño, como proporcionar un tiempo en el que tuvo que hacer algo que no quería hacer, al igual que el niño, el niño es un poco más receptivo a completar lo que sea que el padre haya pedido. También es más probable que el niño desarrolle habilidades de resolución de problemas que le permitan hacer lo que sea necesario en el futuro sin tanto alboroto. En general, el niño ve las razones para hacer lo que el padre o la madre le pide, y una vez que el niño entiende la lógica, es mucho más probable que obedezca que si el padre o la madre simplemente hubiera apelado a la autoridad y hubiera exigido obediencia.

Capítulo 6: Programación neurolingüística (PLN)

Esto, al igual que la inteligencia emocional, es una forma diferente de ver la comunicación. Fue desarrollada en los años 70 por Richard Bandler y John Grinder, y se trata de explorar tres factores principales del comportamiento. Ve el comportamiento como un resultado de los procesos neurológicos, el lenguaje y los patrones de comportamiento aprendidos con el tiempo a través de la experiencia. Estos tres se unen para crear una programación neurolingüística, donde neuro se refiere a los procesos neurológicos, lingüística refiriéndose al lenguaje, y programación a la conducta aprendida.

Se cree que estos tres procesos —pensamientos, lenguaje y comportamiento— pueden ser aprovechados y cambiados en formas que impactarán fuertemente en la vida. Se basa en la influencia de la psicoterapia y se afirma que es capaz de tratar una amplia gama de problemas, desde fobias a trastornos de aprendizaje y todo lo que está de por medio. También se puede utilizar ampliamente para influir en otros, por lo que es una opción popular para influir y persuadir a otros a hacer lo que se les pide.

¿Qué es la PNL?

En lo que respecta a la persuasión, la PNL se refiere a la capacidad de influir en las interacciones con otras personas. Tiene varias etapas diferentes, comenzando con el establecimiento de la relación y terminando con la obtención del resultado deseado. En última instancia, se guía por las respuestas y reacciones no verbales del cliente, las cuales pueden ser usadas para crear primero una relación y luego para influenciar a la otra persona a hacer lo que sea necesario.

La PNL comienza con el desarrollo de la compenetración, lo cual se hace típicamente a través del reflejo y el emparejamiento de los comportamientos. ¿Recuerda cuando se habló del reflejo en el lenguaje corporal? Usted puede hacer que la otra persona empiece a identificarse más con usted cuando empiece a usar primero el reflejo. Siguiendo los comportamientos de la otra persona como una guía para cómo interactuar con ella, usted puede empezar a comprender su deseo de agradarle a ella. Es más probable que se identifique y confíe en usted si lo está reflejando. Esto los abre al siguiente paso.

Entonces usted reunirá información sobre el estado mental de la otra persona. Esto es usando un estudio del lenguaje corporal, o la forma en que la otra persona puede responder. Cuando entiende el estado mental de la otra persona, puede empezar a entender sus procesos de pensamiento, así como el lenguaje que utilizan. Aquí es donde usted empieza a entender las partes lingüísticas y de programación de la PNL. Puede entender la mente de la otra persona a través de la comprensión de sus palabras. Puede empezar a entender la mentalidad basada en el lenguaje, como el enfoque en las metáforas basadas en los sentidos, o el enfoque en ciertas tendencias. Puede entender su programación observando su lenguaje corporal con sus palabras.

A partir de ahí, es el momento de empezar a cambiar sus mentes. ¿Recuerda cómo empezó el proceso de reflejo? Ahora es cuando lo usa. Cuando la otra persona refleja fácilmente sus propias interacciones, puede empezar a hablarle a la otra persona y a reflejar los comportamientos que desea. Si usted quiere que la otra persona se sienta más cómoda con, por ejemplo, las arañas, cuando se mencionan las arañas, usted hace una señal de lenguaje corporal sutil que indica que usted se siente cómodo. Puede inclinarse un poco hacia la otra persona, transmitiendo que se siente cómodo cuando menciona la araña. La otra persona debe reflejar su propia respuesta y, al hacerlo, le dice a su mente que no hay nada que temer, nada de qué preocuparse y que todo está bien.

Este tipo de proceso puede ser expandido para ser usado desde la depresión hasta la creación de autoconfianza en otra persona. Es, esencialmente, influenciar a la otra persona para que se sienta más cómoda con las cosas que pueden haber sido incómodas antes. Permite que usted influya en sus opiniones, comportamiento, metas y más simplemente sintonizando con su lenguaje corporal, asegurándose de que usted comparta la relación y usando esa relación para moldear lentamente la mente de la otra persona para que imite la que usted está tratando de crear.

PNL transformacional vs. Psicoterapia

La PNL transformacional es una nueva combinación que involucra partes de la PNL, varios conceptos de psicología y espiritualidad. Permite una combinación de los tres, imitando los procesos de la psicoterapia, mientras que también permite que la PNL se utilice con ella. Hay varias partes extraídas de la física cuántica, la psicología y la neurociencia, todas las cuales se unen para crear un programa que permite el cambio de comportamientos no deseados o negativos.

La PNL transformacional se dirige a comportamientos que generalmente no son beneficiosos para usted o que le causan estrés.

Funciona reconociendo que los humanos son una combinación de programación neurológica que nos mantiene vivos, desarrollada a través de milenios de procesos evolutivos, así como a través de décadas de experiencia de vida. Esa programación puede secuestrar la habilidad de amar y disfrutar la vida, atrapada en un ciclo de estrés y dolor que comenzó mucho antes de que naciéramos. A través de la PNL transformacional, usted es capaz de utilizar las técnicas de PNL para superar esos períodos de estrés y esos ciclos de desesperación que se crearon con sus antepasados para alcanzar la felicidad y la paz.

La PNL transformacional revisa la programación dentro de su cerebro y le permite alcanzar un punto en el que es capaz de dejar ir su dolor y sufrimiento, liberándose del dolor pasado y permitiendo a su cerebro seguir adelante. Toma las técnicas y metodologías de PNL y las inserta en una forma de psicoterapia, en la que el profesional hace preguntas y descubre lo que sucede en la mente del paciente, y finalmente influye en la otra persona lo suficiente como para conducir a un cambio en el comportamiento, las creencias y un cambio de identidad.

Reprogramándose

Si usted quiere reprogramar su propia mente con PNL, el proceso involucra cinco simples pasos que usted puede seguir para lograrlo. Cada uno de estos pasos le ayudará a alterar su pensamiento, lo que luego influirá en sus comportamientos y estados de ánimo.

Paso 1

Deténgase y piense en lo que le ha sucedido que está tratando de cambiar. Piense en un momento en el que se sintió herido en el pasado y que todavía está en su mente hoy. Tal vez fue el final de una relación particularmente complicada, o se sintió abandonado después de que sus padres se divorciaron. Sea lo que sea, debería recordarlo. Para este ejemplo, diremos que se siente herido después de que su excónyuge le dijera que le estaba engañando y decidiera irse.

¿Cómo le hizo sentir esto? Identifique el sentimiento que sintió durante el último minuto o algo así al enterarse de que su excónyuge le había engañado. Puede decir que se siente herido, traicionado o enfadado. Todo esto es aceptable. Recuerde que ese sentimiento y ese momento un poco más de tiempo.

Paso 2

Ahora, usted va a volver a imaginar ese último minuto en el que se enteró de que había sido engañado y había roto. Esta vez, sin embargo, debe imaginarlo como si estuviera sucediendo a otra persona. Observe el recuerdo desde una posición distante en la que sienta que no tuvo nada que ver. Mientras hace esto, imagine lo siguiente sobre la persona que le hizo daño:

Imagine que la persona le habla y lleva una peluca afro de arco iris gigante, lleva solo ropa interior y no deja de resbalarse con cáscaras de plátano. Usted quiere que esta etapa implique hacer que el recuerdo parezca tan ridículo como sea posible. Ahora, vuelva a imaginar la escena de principio a fin con esas alteraciones.

Ahora piense en su excónyuge rompiendo con usted mientras lleva una peluca afro de arco iris y no puede ponerse de pie, ya que cada vez que lo hace, se resbala y cae cómicamente al suelo.

Paso 3

Usted va a repetir ese recuerdo para sí mismo de nuevo, aunque esta vez en cámara lenta. Quiere centrarse realmente en lo absurdo del recuerdo. Ver realmente esa peluca afro y esa ropa interior, y que la persona sigue cayendo y probablemente esté cubierta de plátano al final. Concéntrese en todas las palabras que se dicen a través de gritos de sorpresa mientras se resbala una y otra vez sobre las cáscaras de plátano.

Paso 4

Ahora, usted va a pensar en sí mismo durante este proceso. Imagine que usted es capaz de ver su propia reacción al recuerdo que ha sido superada por la ridícula peluca, los plátanos y la ausencia de pantalones, y lo absurdo que es todo el proceso. Imagine sus propias reacciones a todas estas diferentes etapas, ¿lo encuentra cómico? ¿Le molesta? ¿Todavía está herido y enfadado por ello?

Paso 5

Ahora, es hora de pensar en el incidente de nuevo, sin el absurdo filtro sobre él. Piense en el recuerdo doloroso y que lo transformó en algo menos doloroso. ¿Sigue doliendo el recuerdo? ¿O encuentra que es más fácil de tolerar ahora? Si tuvo éxito, debería sentirse divertido por toda la situación. Deberían volver los sentimientos de diversión relacionados con la peluca de arco iris, los plátanos y la ropa interior cuando piense en el incidente en lugar de sentir una verdadera angustia.

Capítulo 7: Análisis de la conducta humana

El comportamiento humano, aunque todos somos bastante únicos, sigue tendencias relativamente predecibles. La gente tiende a comportarse de la misma manera en situaciones similares, y debido a eso, se hace fácil analizar esos comportamientos y entender lo que está pasando dentro de la mente de otra persona. Esto es exactamente lo que el análisis de la conducta humana se esfuerza por hacer: quiere entender lo que está pasando en la mente de otro y tomar el control de las conductas con el fin de influir en ella.

Definiendo el análisis de la conducta

En su forma más simple, el análisis de la conducta se refiere a una ciencia que entiende el comportamiento de otras personas. Estudia el cómo la biología impacta en los comportamientos, y cómo los comportamientos pueden cambiar según el contexto. Si usted se tomas el tiempo de aprender los patrones y los comportamientos comunes de otra persona, será capaz de notar los patrones y averiguar las causas de cada comportamiento, lo que le permite entonces centrarse en cambiar los comportamientos interrumpiéndolos o redirigiéndolos de alguna manera.

Control de las conductas

Hay varias maneras diferentes de controlar el comportamiento de otras personas, que van desde apelar a la autoridad hasta la forma en que se expresa. No importa la forma en que usted elija cómo controlar a otra persona, se puede utilizar de manera que influya en la otra persona para que actúe de ciertas maneras simplemente porque usted es capaz de leer y redirigir sus conductas de la manera correcta. Aquí hay algunas de las formas en las que puede controlar los comportamientos de un individuo.

Identificar los puntos fuertes

Cuando usted identifica los puntos fuertes de otra persona, prepara las cosas de manera que pueda reconocer lo que hace bien, y puede jugar con eso más tarde. Por ejemplo, si entiende que alguien es muy hábil en el arte, puede redirigirlo a hacer algo que quiere que haga porque sabe que es bueno en ello.

Conciencia

La conciencia es vista como un estado de comportamiento en el que usted es consciente de sí mismo en ese momento. Puede controlar el comportamiento de alguien haciéndole de repente muy consciente de lo que está haciendo en ese momento —por ejemplo, puede decirle a un niño que está haciendo algo, lo cual puede hacer que pare. Cuando se activa la conciencia en una cosa, se puede influir en otra, como por ejemplo llamar la atención sobre el hecho de jugar con las manos, lo que puede distraer de otro intento de persuadir o influir en un individuo.

Activar el comportamiento de conexión

Cuando usted busca activar un comportamiento de conexión, está esencialmente condicionando a la otra persona a un patrón específico de comportamiento. Piense en el perro de Pavlov — Pavlov tocaba una campana cada vez que le presentaba comida al perro. Eventualmente, el perro salivaría al sonido de la campana. La campana era el comportamiento de conexión.

Lectura en frío

La lectura en frío se refiere a la idea de que la gente ponga información lo suficientemente vaga como para que casi cualquiera pueda relacionarla, y sacar conclusiones a través de la observación del comportamiento de la otra persona. Piense en una psíquica que finge leer una bola de cristal —puede decir algo vago sobre alguien que quiere contactarse con usted desde el otro lado, y usted puede reaccionar gimiendo, como si fuera su recientemente fallecida querida tía Ellie. Eso le dio la información que necesitaba para seguir adelante y convencerle de que tiene razón. La lectura fría en el análisis de la conducta es similar —el individuo dice algo y observa sus reacciones, esencialmente yendo a una expedición de pesca.

Priming

El priming se refiere a la idea de que un estímulo puede crear una influencia en lo que sucederá con el segundo estímulo. Piense en los mensajes subliminales —se le muestra una cosa en la que puede tener un pensamiento bueno o malo, y luego se le muestra una segunda cosa. Usted puede hacer que la gente asocie una palabra relativamente neutra, como "plátano", con un concepto completamente ajeno a ella, como "amistoso", simplemente presentando "amistoso" antes o después de "plátano" repetidamente.

Lingüística

La forma en que usa las palabras importa mucho: puede usar ciertas palabras y frases de ciertas maneras para fomentar ciertos tipos de comportamientos. Usar palabras con connotaciones positivas es mucho más probable que desencadene buenos comportamientos que palabras que son negativas. Piense en la PNL con este concepto —puede atraer a una persona a través del uso de palabras que son significativas o relevantes para ese individuo.

La confusión como arma

Cuando se utiliza la confusión en su contra, es mucho más probable que esté de acuerdo con lo que se le pide que haga. Debido a que usted está confundido, su mente está preocupada tratando de calcular lo que acaba de suceder, y se vuelve vulnerable a lo que sea que la otra persona esté tratando de sugerir. Esto es útil en la manipulación, si pudiera mantener a la otra persona confundida y desequilibrada, por así decirlo, no será capaz de protegerse de las tácticas de confusión.

Interrupciones

Usted puede interrumpir y redirigir las conductas —la sorpresa que es probable que ocurra cuando interrumpa repentinamente a alguien suele ser una apertura suficiente para que usted sugiera que haga otra cosa, que probablemente vaya a hacer.

Escasez y arrepentimiento

Una de las formas más fáciles de hacer algo más valioso es limitarlo —una vez que ya no es ilimitado, todo el mundo lo quiere y todos lucharán para conseguir uno. Esto significa que usted puede hacer que la gente quiera algo o que haga algo simplemente restringiendo sus opciones. Puede decirle a alguien que no haga algo, lo que hace que sea más probable que lo haga por despecho, o puede limitar las opciones, haciéndole sentir que tiene que actuar o que se arrepiente de no hacerlo en primer lugar.

Anclaje de comportamiento avanzado

Esto se refiere a la idea de que usted puede crear prejuicios que influyan en la forma en que una persona se comporta a través de un ancla. Por ejemplo, cuando usted va a tomar decisiones, normalmente se apoya en un ancla de información. Esta ancla se utiliza como su sesgo para lo que sea que usted vaya a decidir. Por ejemplo, si necesita decidir qué tipos de cultivos se van a cultivar en su granja, se anclará en la información específica sobre lo que crece bien en su zona. Esto puede ser controlado, sin embargo, si alguien inculca un ancla falsa. Si alguien le convence de que los plátanos crecen bien en su clima en lugar del algodón habitual que cultiva, usted puede tomar decisiones basadas en esa ancla falsa que le dijo que cultivara plátanos. Esto significa que, si usted es capaz de inculcar anclas falsas a otra persona, puede asegurarse de que se comporte de manera que sea relevante para usted y se beneficie.

Usando la voz

Su voz es quizás su herramienta más influyente y convincente de todas, su tono puede convencer a la gente de hacer una amplia gama de cosas. Piénselo de esta manera: es mucho más probable que usted acepte algo si alguien se lo pide amablemente que si se lo gritan, o si se lo cantan. Si usted está intentando llamar la atención de alguien, por ejemplo, puede bajar la voz a un susurro para llamar su atención. De repente tendrán que escuchar atentamente y concentrarse realmente en usted y en lo que está diciendo para poder escucharle realmente, y lo harán. Usted puede guiar a las personas en base a su tono y a lo fuerte o suave, contundente o gentil que lo haga.

Parte III
Formas de persuadir, influir y manipular

Capítulo 8: Influencia y persuasión

La influencia y la persuasión son dos grandes habilidades a dominar, con ellas, usted es capaz de influir en otras personas para que digan sí simplemente por la forma en que usted se presentas y cómo lleva su vida. Estas herramientas pueden ser muy valiosas para usted, y ser capaz de aprovecharlas puede abrirle todo un nuevo mundo. Cuando usted puede influenciar y persuadir a la gente, es capaz de convencerlos de que hagan lo que les pide sin depender de tácticas de manipulación. Lo hacen porque quieren, aunque usted los convenció de que lo hicieran. Sin embargo, la influencia no es necesariamente algo malo, puede ser increíblemente útil para que los líderes o las personas en posiciones de poder la entiendan y la utilicen. Cuando se es capaz de influir en los demás, se puede tener un efecto en lo que están haciendo, pero eso no es necesariamente ser manipulador. La manipulación conlleva un aire de egoísmo —se hace para beneficiar solo a la persona que manipula. La influencia por sí misma es alentar a alguien más a actuar de la manera que usted quiere, pero no es para su propio beneficio, por lo general es porque usted cree que es mejor para todos.

Principios universales de persuasión

Al intentar persuadir a otras personas, se han descubierto y definido seis principios universales. Estos seis principios son clave para convencer a otras personas de forma rápida y eficazmente. Son una especie de atajos para lograr la persuasión de forma más rápida y fácil. Cuando se quiere persuadir a alguien para que haga algo, se pueden usar estos atajos para tratar de guiarlos más rápidamente. Estos seis atajos, los principios universales de la persuasión, son la reciprocidad, el compromiso y la coherencia, la prueba social, la autoridad, el gusto y la escasez. Cuando se entienden estos atajos, se pueden aumentar las posibilidades de influir en alguien más para que haga lo que se le pide.

Reciprocidad

El primero de los seis principios es la reciprocidad. Cuando se simplifica, es la noción de que la gente tiende a sentirse obligada a devolver el favor cuando ha recibido algo. Por ejemplo, cuando se le hace un favor a alguien más, es más probable que lo devuelva. Si hace de niñera para su mejor amigo durante una hora, este se sentirá obligado a hacerlo la próxima vez que se lo pida, incluso si se trata de un inconveniente o molestia que normalmente bastaría para que ese amigo se disculpara y se negara. Esto se puede ver más allá en el trabajo: si usted ayuda a otra persona con su tarea, es mucho más probable que le devuelva el favor cuando se lo pida.

Cuando intente utilizar el concepto de reciprocidad, empiece siendo el primero en dar un regalo o un favor. Asegúrese de que sea inesperado y adaptado a esa persona de una forma u otra. Por ejemplo, si su amigo se queja de estar ocupado ese fin de semana y realmente necesita ayuda, puede ofrecerse a hacerlo y traer una botella de vino o cerveza para disfrutar cuando termine el trabajo. Si hace esto, es mucho más probable que el amigo le ayude en el futuro cuando lo necesite.

Compromiso y coherencia

El segundo principio es el compromiso y la coherencia. La gente tiene una tendencia a caer en hábitos. Les encanta la consistencia, es probable que hagan algo que ya han hecho antes simplemente porque es familiar y la familiaridad es cómoda. Con eso en mente, si usted empieza pidiendo algo pequeño a alguien y lo hace, es más probable que haga algo un poco más grande inmediatamente después. Si les pide que hagan una pequeña donación a una buena causa, pueden hacerlo, y la próxima vez que se les pida que hagan una donación un poco más grande, estarán más inclinados a hacerlo. Cuando se capta la consistencia de otra persona, se puede ir aclimatando poco a poco a hacer lo que se quiere o se necesita que hagan.

Esto se puede reforzar aún más obteniendo compromisos. Una vez que alguien se ha comprometido a hacer algo, usted puede usar ese compromiso para convencerlo de que haga más la próxima vez. Por ejemplo, imagine que su trabajo es organizar una comida para su oficina. Comienza asignando a todos una sola tarea de llevar un solo plato, y luego, una semana más o menos antes del evento, puede comenzar a pedirle a la gente que haga un poco más. Puede pedirle a una persona que lleve su plato y algunas bebidas, y a otra persona que lleve su plato y algunos cubiertos de plástico, y así sucesivamente. La gente no lo verá como algo tan grande cuando lo comparen con si se les pidiera inicialmente que trajeran ambas cosas simplemente porque añadir una pequeña cosa encima de otra tarea no parece tan desalentador como asignar dos tareas a la vez.

Prueba social

La prueba social es la idea de que la gente tiende a ceder a las presiones sociales. Cuando no están seguros de una situación o acción, mirarán a ver lo que otras personas están haciendo para decidir lo que ellos mismos deben hacer. Es más probable que se conformen con lo que otras personas están haciendo cuando no están seguros de lo que deberían hacer ellos mismos, y esta idea puede utilizarse para influir en otros para que hagan lo que usted quiere. Se puede hacer esto de varias maneras diferentes para influir en la otra persona para que crea que la gente en general hace lo que usted quiere que haga.

Por ejemplo, imagine que estás recolectando donaciones —las personas que no están seguras de hacerlo son a menudo influenciadas a hacerlo si la persona que recolecta las donaciones tiene una lista de personas que han donado. Si ven que otras personas han estado donando, es más probable que lo hagan por defecto, y si ven los nombres de personas que reconocen, es aún más probable que lo hagan. Las personas se sienten presionadas a conformarse, y a menudo lo hacen por defecto cuando es posible. Esto significa que se podría influir artificialmente en alguien llevándolo a un lugar donde otras personas están haciendo lo que se les pide que hagan, sentirán que la petición de hacer lo que sea debe ser más razonable si los que están a su alrededor lo están haciendo.

Autoridad

La gente tiende a escuchar a las autoridades. Si alguien se presenta como conocedor de un tema, es probable que la gente le crea simplemente porque no tiene una razón real para dudar de la persona. Debido a esta tendencia, la gente tiende a exhibir sus credenciales en sus paredes, o se esfuerza por enumerar sus títulos y licenciaturas en sus tarjetas de visita o etiquetas de identificación. Cuando uno siente que está hablando con una autoridad, es probable que le crea, sin importar lo que diga o si tiene razón en algo. También es más probable que usted se atenga al pensamiento de la autoridad, aunque esté equivocado y sepa la verdad porque asume que la autoridad tiene razón, y usted vuelve a cuestionar. Esto puede ser usado a su favor cuando intenta persuadir a otras personas si usted sabe lo que hace.

Quiere dejarle claro a la otra persona que usted es una autoridad en el tema. Puede hacer esto de varias formas posibles —exhibir sus premios y galardones le hace parecer más deseable y conocedor cuando usted está en su oficina. Hacer que otras personas le presenten enfatizando su experiencia es otra forma de afirmarse instantáneamente como autoridad. Cuando la gente crea que usted tiene autoridad, encontrará que su propio juicio no tiene críticas ni argumentos, ya que la gente se somete a su propia autoridad.

Agrado

En última instancia, todos queremos ayudar a la gente que nos gusta. Estamos mucho más inclinados a hacer algo inconveniente si nos gusta el individuo simplemente porque podemos identificarnos con él. Esto es algo que se hace más difícil de influenciar a medida que más interacciones se mueven en línea en lugar de en persona, pero sigue siendo increíblemente útil. En última instancia, cuando las personas se gustan, es mucho más probable que acepten hacer algo cuando se les pida.

Si quiere aprovechar esto, entonces quiere crear una especie de vínculo entre usted y la otra persona, si es que no lo tiene ya. Esto es relativamente fácil de fingir en las interacciones personales —hay tres factores definitorios que determinan si nos gusta alguien o no, o si sentimos que nos gusta. Estos son:

- Las personas con las que nos identificamos
- La gente que nos felicita
- Las personas que son cooperativas y ayudan a trabajar hacia objetivos mutuos

Estos pueden ser reproducidos artificialmente con relativa facilidad, usted puede comenzar sus interacciones a través de historias personales. Relacionarse de alguna manera con la otra persona. Si usted está en una oficina de ventas, ya sea de coches u otros artículos, podría tener fotos de su familia en la pared. Si usted está hablando con alguien sobre un coche, cuéntale una historia personal que tenga en mente sobre el vehículo. Ofrezca cumplidos a la otra persona, tal vez sobre su gusto por lo que sea que esté buscando comprar, o en algo que diga o haga. Ríase de sus chistes, o haga otras cosas que puedan hacer que se sienta mejor consigo mismo. Por último, puede dejar claro que los dos son un equipo, ambos están comprometidos en que la otra persona compre su casa, o su coche, o en encontrar una solución que funcione para él. Cuando usted pueda marcar los tres criterios clave para ser agradable, se dará cuenta de que es mucho más probable que la otra persona se deje influenciar cuando le pida que haga algo en el futuro o cuando le sugiera que compre un objeto específico. Sentirá que usted tiene su mejor interés en el corazón porque lo encuentra agradable, y estará más inclinado a estar de acuerdo con sus sugerencias.

Escasez

La gente es relativamente inconstante. Quieren lo que no pueden tener. No importa si algo era indeseable el día anterior, si de repente hay una restricción en un producto, la gente va a estar más inclinada a quererlo simplemente porque no pueden tenerlo. ¿Conoce el viejo adagio de que la distancia hace que el corazón se encariñe? Resulta que la ausencia también lo hace, y la gente tratará desesperadamente de conseguir algo solo porque temen no poder conseguirlo. Piense en todas las ediciones limitadas que las cadenas de cafés y restaurantes han sacado y lo fácil que sería mantenerse al día con la oferta y la demanda de esos objetos. En cambio, las empresas crean artificialmente escasez para convencer a la gente de que se apresure a intentar conseguir el artículo, lo que solo sirve para ganar más dinero. Como la gente lo ve como una oferta de tiempo limitado, se apresuran a conseguirlo mientras aún puedan, y el producto se vende rápidamente, haciendo que la gente llegue específicamente por el artículo, pero sin poder conseguirlo. Esas personas entonces, por supuesto, compran algún otro artículo del menú, ya que ya han hecho el viaje hasta allí.

Si usted quiere aprovechar el principio de escasez para conseguir lo que quiere, debe completar dos pasos, primero debe dejar claro cuáles son los beneficios del artículo para la persona que está en duda. Luego, debe hacerle entender lo que puede perder si no acepta. Si están debatiendo la compra de un coche, por ejemplo, puede repasar los diferentes beneficios de comprar dicho coche, pero luego señalar que también pueden perder un trato mortal si no lo compran hoy, haciendo hincapié en que un trato como este no durará en el lote, y que, si no lo compra, no puede garantizar que esté disponible por la mañana. Esto presiona a la otra persona para que decida más rápido, pero también deja claro que se trata de una oferta por tiempo limitado, con una disponibilidad también limitada. Es mucho más probable que la otra persona esté de acuerdo si siente que va a salir perdiendo con un robo, incluso si el trato no es tan bueno como usted lo muestra.

La ética restante

Persuadir a otras personas para que hagan ciertas cosas puede mantenerse ético, y absolutamente debe mantenerse ético, ya que el tratamiento ético es necesario para respetar a otros humanos. Cuando se quiere mantener la ética de la persuasión, se deben tener en cuenta tres cosas:

- El punto de vista de la otra persona
- Su propio punto de vista
- Una solución que abarca ambos

Cuando se mantiene el punto de vista de la otra persona y lo que la otra persona busca ganar, se asegura de mantener la persuasión ética. Usted considera a la otra persona y se asegura de que la otra persona no es simplemente una herramienta a usar para conseguir lo que sea que esté deseando en ese momento. Esto significa que usted respeta a la otra persona como individuo y trata de permanecer justo y equitativo.

Cuando usted considera su propio punto de vista, está asegurando que no se rinde o se pone en una mala posición. Desea ayudar a la otra persona, pero también quiere que le ayuden a usted, apelando al principio de reciprocidad. No es un trabajo gratuito y quiere ver algún tipo de beneficio, ya sea dinero en un trabajo, respeto y amor en una relación, o incluso simplemente gratitud a veces.

Por último, cuando se llega a algún tipo de solución que esté alineada tanto con el punto de vista propio como con el de los demás, se puede asegurar que todos sean atendidos. Usted logra que la otra persona tenga algo que le funcione, y usted obtiene un resultado que le funciona. Todo el mundo es feliz. Se considera ético porque ha considerado a la otra persona y no la ha presionado o coaccionado a tomar una decisión solo para su propio beneficio egoísta.

Capítulo 9: Técnicas de manipulación

A fin de cuentas, las técnicas de manipulación son muy frecuentes. Aunque no es recomendable cuando se trata de mantener la ética, es importante entender algunas de estas tácticas de manipulación comúnmente utilizadas. Cuando se pueden reconocer, se comprende cómo evitarlas, lo que es crucial cuando se intenta permanecer sin manipular y sin prejuicios. Aquí hay nueve formas comunes en que la gente intentará manipular para obtener los resultados deseados.

Transmitir las altas expectativas

Cuando se transmiten expectativas, se puede influir en los objetivos para motivar a la otra persona a ir más lejos. A menudo se conoce como postes de meta en movimiento —se empieza con expectativas relativamente bajas y poco a poco se va subiendo a otras más altas. Se hace en incrementos, trabajando lentamente hasta lo que sea que realmente quiere. Esto funciona de la manera en que lo hace porque es probable que la gente no esté de acuerdo en hacer algo que es una molestia para ellos. Por ejemplo, si usted le pide un favor a alguien y quiere que le arregle todo el coche, puede empezar por preguntarle si puede cambiarte el aceite porque no estás seguro de cómo hacerlo. Incluso puede preguntarle si puede mostrarle cómo hacerlo. Cuando estén bajo el capó del coche, podría pedirle que echen un vistazo a las bujías también, porque tiene algunas, pero no está seguro de cómo cambiarlas. Cuando acepte hacerlo y ya estén debajo del coche, puede pedirle que haga alguna otra tarea menor relacionada con ello también, y que recorran lentamente por las partes del coche que requieren atención. Eventualmente, la otra persona habrá hecho mucho trabajo sin ningún esfuerzo de su parte.

Esto funciona porque una vez que las personas han dicho que sí, sienten que no pueden decir que no a las tareas relacionadas. Probablemente habrían dicho que no si les hubieran dado la lista de reparaciones que querías que se hicieran en su coche, pero como poco a poco subió la barra, pidiendo más y más a lo largo del tiempo, se dejaron convencer más fácilmente para que lo hicieran todo. El salto de hacer un cambio de aceite a hacer un cambio de aceite y revisar las bujías no es pedir mucho. Al añadir varias pequeñas tareas a la lista, la tarea se hizo exponencialmente más larga, y la persona se sintió atrapada en el acuerdo de hacerlo todo.

Control del lenguaje corporal

Como se mencionó brevemente antes, el lenguaje corporal puede ser esencialmente controlado, convenciendo a otras personas a creer y hacer ciertas cosas basadas en cómo usted se mueve. Comienza este proceso a través del reflejo. Recuerde, el reflejo implica que imite los pequeños movimientos de la otra persona. No lo haga demasiado obvio, o la otra persona tendrá la sensación de que los está copiando. Usted quiere que sea apenas perceptible. Por ejemplo, podría empezar tomando un trago inmediatamente después de que el otro lo haga, o ajustando su posición de sentado cada vez que lo haga. Estas pequeñas señales son importantes para la otra persona —le dicen a la otra persona que ustedes dos se están sincronizando, y a medida que lo haga, también podrá empezar a controlar a la otra persona.

Cuando usted se dé cuenta de que la otra persona está empezando a reflejarse en usted cuando se mueve, sabrá que está listo para tomar el mando de la otra persona. Puede hacer esto con pistas sutiles para guiar a la otra persona a hacer otras cosas por usted. Por ejemplo, puede dirigir la conversación, inclinándose hacia adelante cuando esté listo para hablar y dando señales a la otra persona para que se detenga y escuche, o usando un gesto rápido para dar señales a la otra persona para que le siga. Hay varias señales de lenguaje corporal que puede tomar que harán que la otra persona haga ciertas cosas en este momento. Cuando usted controla el lenguaje corporal, esencialmente controla la duración de la conversación, cuándo habla o recibe una respuesta, y cuánto tiempo permanece en un área, esencialmente concediéndole el control sobre la otra persona.

Crear consistencia en el comportamiento

Similar a la consistencia y compromiso en la persuasión, usted puede manipular a la gente para que obedezcan y se sometan a través de la creación de una consistencia en el comportamiento. La gente quiere sentirse consistente cuando están haciendo cosas, y al hacer que un individuo haga algo una vez, es mucho más probable que lo haga en el futuro. Esto es porque la gente anhela y valora la consistencia. Si usted desea usar esto para manipular a la gente, la clave está en conseguir el compromiso inicial. Una vez que pueda conseguir ese compromiso inicial, la probabilidad de que la persona continúe comprometiéndose por la presión de parecer consistente, obtendrá el resultado que usted quiere. La voluntad de la persona de obedecer y ser coherente hace toda la motivación, ya que quiere ser vista como coherente por todos los que le rodean —si se le conoce como la persona que es inestable o impredecible, sabe que eso perjudicará su presencia social, y no quiere eso.

Si usted desea utilizar esta táctica, entonces, consiga el compromiso inicial por cualquier medio necesario y luego continúe pidiendo lo que sea que se comprometan. No solo la tolerancia de su petición se desarrollará con el tiempo, sino que la expectativa social de conformarse también mantendrá a la persona en línea.

Normas sociales y presión

La gente frecuentemente se conforma a la presión social —este fue incluso uno de los principios de persuasión enumerados anteriormente. También puede ser usado para manipular o coaccionar a otras personas para que se conformen también. Esto es frecuentemente visto como presión de grupo, en la cual aquellos alrededor de un individuo están haciendo algo para que el individuo también sienta la necesidad de conformarse.

La razón por la que esto funciona es que la otra persona siente que quiere ser parte del grupo. Las personas no disfrutan de ser aisladas o ignoradas, y por eso tratan de ser parte de la multitud, por así decirlo, incluso si eso significa sacrificar sus propios valores. Esto se debe a que la gente tiene dos necesidades distintas de las que se aprovecha: La necesidad de ser querido y la necesidad de tener razón. Sienten que la multitud, que está llena de gente que hace lo mismo, debe tener razón, y quieren ser aceptados. La respuesta predeterminada entonces es predeterminar lo que la multitud está haciendo para estar en lo cierto y agradar.

Esto se hace a menudo para mantener a la gente en línea con lo que el manipulador individual quiere. Puede apelar a las normas sociales y a la presión si usted expresa incomodidad o tratando de resistir lo que se le pide, a través de la eliminación de los nombres de las personas que conoce a su alrededor, o de aquellos que son famosos, que han hecho lo que sea que él quiere que usted haga. Por ejemplo, si usted está comprando un coche y él está tratando de venderle un modelo específico, puede decir que alguna celebridad prominente acaba de comprar uno, al igual que otras dos personas que usted conoce, con la esperanza de que usted sienta la necesidad de conformarse. Esto también puede hacerse de maneras más abusivas, como decirle a una víctima de abuso que el comportamiento es normal, y que otras personas están dispuestas a hacerlo, lo que implica que tal vez vaya a buscar a alguien más para hacer lo que sea que esté preguntando si la persona quiere seguir resistiendo.

Exposición repetida

A través de la exposición repetida, la tolerancia a algo sube. Piense en esto como si el nivel de tolerancia de un drogadicto a una droga subiera con cada uso. Esto funciona para otros conceptos también —a medida que la persona se adapta, la tolerancia aumenta. A menudo se ve en las relaciones abusivas con el fin de manipular a alguien para que se quede, se puede ver a alguien que comienza con una menor exposición a la violencia o al abuso. Tal vez sea un insulto, seguido de una disculpa. La próxima vez, puede ser un insulto sin una disculpa, y poco a poco se va abriendo camino hasta que la víctima descubre de repente que el abuso ha aumentado mucho más allá de un simple insulto.

Esto puede ser usado también en otros contextos, puede ser capaz de convencer a alguien de creer algo a través de la exposición repetida al pensamiento u opinión. Por ejemplo, si usted cree firmemente que el color que es claramente el color más supremo que existe es un tono de amarillo muy específico, pero su pareja no está de acuerdo y le gusta otro color, usted comenzaría lentamente a exponer a su pareja a ese tono específico de amarillo. Con el tiempo, la pareja se acostumbraría más al tono de amarillo, y eventualmente podría incluso comenzar a preferirlo, especialmente si usted comienza a exponer a su pareja mientras lo empareja con algo placentero, como un abrazo y un beso. La pareja puede comenzar a asociar el color con la experiencia agradable de recibir un abrazo y un beso, y llegar a preferirlo.

Por supuesto, este último ejemplo es algo disparatado, pero abarca el concepto. A través de la exposición repetida a un pensamiento, sentimiento, artículo, opinión o comportamiento, la persona comienza a tolerarlo más. Con el tiempo, dependiendo de lo que sea, puede llegar a ser preferido, especialmente en la idea de pensamientos y sentimientos.

Términos

Los términos empleados pueden cambiar la forma en que usted percibe que algo está sucediendo en el momento. Es muy fácil influir en la opinión de alguien simplemente cambiando la forma en que se dicen las cosas. Puede compartir partes específicas de los hechos mientras elige dejar fuera a otros, o usar otras formas de decir las cosas para que parezca de una manera, aunque sea de otra. A menudo se ve esto en la política, con los políticos redactando las cosas que los iluminan de la mejor manera posible con la esperanza de ser elegidos o de obtener los votos que querían.

La manipulación de los hechos puede ser quizás la más peligrosa de las formas en que se manipulan las palabras. Estas eligen palabras específicas y ambiguas para que no quede claro lo que se está diciendo. Esto permite cierto nivel de negación plausible sin dejar claro cómo la persona se posiciona de una manera u otra. Por ejemplo, a un político se le puede hacer una pregunta, pero la responde de manera que no responda directamente a la pregunta, sino más bien indirectamente y no exactamente en el contexto solicitado.

La razón de esto es que entonces pueden negar lo que se está diciendo. Por ejemplo, si le pregunta a un político si una política aumentaría los impuestos, puede que responda en cambio que la clase alta pagará más en impuestos mientras que la clase media pagará menos en gastos totales. Esto no responde si se aumentarán los impuestos, sino que solo responde que la clase media está pagando menos en lo que se está discutiendo. Esto se hace así cuando alguien dice que el político ha dicho que la clase media está pagando más en impuestos, puede negar y decir que no ha dicho tal cosa, y la clase media estará pagando menos en total que antes. Entonces negarán y se reorientarán a otro tema en su lugar, eligiendo evitar los temas que creen que les harán parecer desfavorables o como un candidato indeseable para lo que sea que estén tratando de conseguir.

Motivar a través de las limitaciones

Volviendo nuevamente la escasez y las limitaciones que juegan un papel clave en la persuasión, la manipulación también puede implicar limitaciones. Cuando las cosas están limitadas de alguna manera, de repente parecen más atractivas. Puede ser el último trozo de pastel en la nevera, la bebida de edición limitada en la cadena local de cafeterías, o incluso un comportamiento que se le dijo específica y explícitamente que evitara hacer. Todos esos son diferentes tipos de limitaciones, y todos ellos incitan a intentar conseguir lo que sea que haya sido limitado.

Hay tres razones distintas por las que reaccionamos de esta manera: la reactancia psicológica, la aversión a la pérdida y la teoría del producto. Cada una de ellas es relevante cuando las cosas se limitan y motivan de diferentes maneras.

La reactancia psicológica se refiere a sentir como si hubiera estado limitado y decidir resistirse a ello de alguna manera. Reacciona a estar limitado y en cambio siente que necesita hacer lo que sea que se le haya quitado. Es esencialmente psicología inversa, en la que le dice a alguien que no haga algo para que lo haga. Al eliminar las opciones que tenían, usted desencadena una resistencia.

La aversión a la pérdida se refiere a nuestro miedo a perder cosas, incluso si la cosa que estamos perdiendo es algo que nunca quisimos realmente. Por eso es más probable que la gente compre algo cuando se da cuenta de que es escaso, porque si, por casualidad, deciden más tarde que lo quieren, pero no pueden tenerlo, sienten que se arrepentirán de no haberlo comprado cuando podían.

Por último, la teoría del producto se refiere al hecho de que la gente ve las cosas como inherentemente más valiosas cuando son limitadas. Lo valoran más simplemente porque no estará disponible en un futuro próximo, incluso si es algo que no les importará cuando esté disponible. Todo esto funciona en conjunto y permite manipular o influenciar a la gente para que haga lo que usted pide.

Por ejemplo, imagine que quiere que alguien se ocupe de los platos mientras usted está en el trabajo. Puede decirles, "Oye, no laves los platos mientras estoy en el trabajo - lo haré más tarde cuando vuelva entre mis deberes y otras responsabilidades". Esencialmente, limita el comportamiento de la otra persona, y puede que se vean obligados a lavar los platos simplemente porque ha llamado la atención sobre ellos. También puede convencer a la gente de que se coman lo último de algo simplemente diciendo que es lo último y viendo cómo reacciona todo el mundo. La gente está obligada a disfrutarlo más cuando es el último de los artículos, y la gente estará luchando para conseguirlo. ¡Esa es una gran manera de vaciar las sobras de su nevera antes de que caduquen!

Comportamiento del ojo por ojo

El comportamiento de "ojo por ojo" se refiere a la tendencia a devolver lo que se da. Si alguien le mira mal, es mucho más probable que devuelva la mirada que la sonrisa. De la misma manera, si alguien le sonríe, es probable que se sientas inclinado a devolver la sonrisa. Este tipo de intercambio de retorno de ida y vuelta se conoce como "ojo por ojo", en el que las personas devuelven lo que se les da, o esperan un intercambio equivalente por ellos.

Esto se refiere al equilibrio de poder que existe en las relaciones —siempre hay algún tipo de nivel de altruismo frente al egoísmo o la competitividad en cada relación en diferentes grados. Algunas personas serán mucho más competitivas y exigirán igualdad, en la que parecen crear una especie de tarjeta de puntuación en la que pueden utilizar para justificar y exigir ciertos comportamientos a cambio. Pueden exigir que su pareja les dé un masaje en los pies porque han dado tres esa semana y es su turno. Esta puntuación lleva al resentimiento y al conflicto. Sin embargo, cuando se usa de forma más desinteresada, en la que las personas actúan constantemente de forma beneficiosa simplemente porque querían hacer algo bueno por la otra persona, tienden a ser más felices.

Esto puede ser usado para manipular a otros fácilmente —dar lo que se quiere recibir a cambio. Si usted quiere que su pareja sea cariñosa, responda primero con cariño. Si quiere ayuda, responda primero ayudando a la otra persona.

Lo interesante de esta táctica de manipulación es la tendencia de los psicópatas a usarla. Aquellos que están calificados como más altos en tendencias hacia la psicopatía son mucho más propensos a siempre deferir a lo negativo. Piense en el dilema del prisionero: en el dilema del prisionero, se le dan dos opciones: pueden desertar o pueden cooperar. Si ambas personas cooperan, ambos prisioneros reciben una sentencia de 5 años. Si uno coopera y el otro deserta, el que ha desertado obtiene una sentencia de 10 años mientras que el otro sale libre. Sin embargo, si ninguna de las dos personas habla y ambas permanecen en silencio, cada una de ellas cumple 2 años. Los dos prisioneros, estando en cuartos separados, tienen que decidir qué hacer sin interactuar entre ellos.

Este experimento se hace frecuentemente para ver lo que las personas tienden a hacer naturalmente, y a menudo, los psicópatas suelen desertar, independientemente de si la otra persona intenta cooperar repetidamente. El psicópata no se preocupa por el "ojo por ojo" y solo se preocupa por obtener el mejor resultado posible para sí mismo.

Capítulo 10: Engaño

El engaño es algo que muchas personas prefieren evitar, pero puede ser particularmente útil cuando se está en una posición de necesidad de salirse con la suya rápidamente y no le importa cómo lo haga. Cuando usted es capaz de salirse con la suya, se asegura de mantenerse contento, y a veces, el costo vale la pena el resultado final, y las mentiras y el engaño pueden ser excusados en su propia opinión. Sin embargo, el engaño rara vez se considera ético, ya que es una tergiversación deliberada de algo con el fin de convencer a otros de que vean las cosas o hagan las cosas a su manera.

Definición de engaño

En psicología, el engaño se define como todo intento de engañar o timar a los involucrados. Usted puede mentir sobre algo, o decir algo que no es del todo correcto para convencer a otros de que hagan lo que usted quiere hacer. Esto se hace a veces en psicología para evitar cualquier prejuicio, pero en la vida real, con implicaciones reales, debe evitarse. El engaño es visto como deshonesto y debe ser evitado. El engaño implica mentiras y manipular la forma en que la otra persona interpretaría lo que se está diciendo o haciendo. Es inherentemente deshonesto, y para muchas personas, esa es una línea que no desean cruzar. Sin embargo, entender cómo detectar el engaño permite detenerlo o evitar ser víctima del engaño de alguna manera.

Descubriendo el engaño

Aunque es difícil detectar el engaño cuando no sabe lo que está haciendo, usted es capaz de aprender las claves y evitarlo si se esfuerza. Aquí hay varias maneras que le permiten detectar el engaño en otras personas de forma rápida y fácil, indicándole que es hora de hacer las preguntas adecuadas para detener el engaño en su camino.

Crear una línea de base

Cuando se trata de establecer si alguien está siendo honesto o está engañando, primero se debe crear una línea de base. Esto significa comprender el comportamiento de la persona en condiciones de honestidad. Quiere entender cómo es alguien cuando no está mintiendo para poder saber cuándo lo está haciendo. Por ejemplo, al principio de una entrevista, podría hacer preguntas que no tendrían razón de ser contestadas con una mentira, como el nombre, el lugar de nacimiento u otras preguntas relativamente inofensivas. A medida que la persona responde a estas preguntas honestamente sin razón para mentir, se puede tener una buena idea de cómo se comportan cuando están relajados, cómodos y son sinceros. Necesita recordar esta línea de base mientras sigue buscando señales de engaño más tarde.

Esté atento a las señales de alerta o de estrés

La mayoría de la gente se siente incómoda con la mentira. Incluso el acto de una simple mentira es suficiente para crear una respuesta de estrés. En una respuesta de estrés, el cuerpo automáticamente aumenta el ritmo cardíaco, la presión arterial y la respiración. En respuesta, es probable que el individuo tenga un comportamiento autocomplaciente, como lamerse los labios, frotarse las manos o moverse con el pelo o las joyas. Esto también se puede ver en la reacción inicial de la persona a lo que sea que le esté preguntando —las personas tienden a congelarse cuando se les presenta el estrés por primera vez, y es posible que usted pueda captarlo. Algunas personas son relativamente buenas para fingir que han pasado por esto, pero sus tobillos pueden bloquearse. La gente no suele pensar en controlar sus pies cuando trata de ocultar un engaño, y suelen ser una buena señal de engaño u honestidad.

Mire los ojos

Aunque a menudo se dice que hay que mirar a los ojos porque alguien que miente no hace contacto con los ojos, en realidad es porque hay varias otras señales que dan los ojos cuando se está involucrado en una mentira. A menudo, los mentirosos, especialmente si se sienten cómodos con el engaño habitual, son capaces de hacer contacto visual, e incluso pueden dar demasiadas. Aparte del contacto visual, se debe buscar la dilatación de las pupilas; estas tienden a dilatarse cuando se miente, y la velocidad a la que alguien parpadea. Al principio, se ralentizan cuando intentan inventar la mentira, y luego parpadean con más frecuencia justo después de la mentira.

Grupo de lenguaje corporal no verbal

Hay un grupo específico de lenguaje corporal que se ha asociado con las mentiras y la deshonestidad. Estadísticamente, es probable que haya deshonestidad si estas cuatro ocurren en conjunto, todas al mismo tiempo. Estos son: tocar las manos, tocar la cara, cruzar los brazos e inclinarse hacia atrás. Si usted ve a alguien oscilando entre estos, es probable que esté siendo deshonesto de alguna manera crucial. Tal vez quiera prestar más atención a lo que dicen para ver si puede entender el engaño.

Preste atención al vocabulario y a la elección de palabras

A menudo, la gente que está siendo engañada no responde del todo a la pregunta que se le hizo. O bien responden a una pregunta completamente diferente, o responden a la defensiva. Algunos de los ejemplos más obvios de esto incluyen los siguientes intercambios:

Persona A: *¿Tiene antecedentes penales?*

Persona B: *¿Parece que tengo antecedentes penales?*

O

Persona A: *¿Estaba en buenos términos con sus compañeros de trabajo cuando eligió este nuevo trabajo?*

Persona B: *Quería buscar otras oportunidades cuando elegí este trabajo.*

Note cómo ninguna de estas respuestas respondió a lo que se preguntaba en primer lugar. Esto puede ser problemático si se está entrevistando para un trabajo u otro puesto de mayor importancia, y se debe rechazar o dejar pasar al individuo. También se ve este tipo de discurso y evasión de preguntas en la política.

Escuche el tono de voz

A menudo, cuando usted está estresado, su voz sube de tono. Esto se debe a que las cuerdas vocales se constriñen a medida que usted se estresa, lo que hace que el tono sea más alto. También se puede ver a las personas que intentan beber agua con más frecuencia cuando están estresadas, simplemente porque sienten la sequedad de la boca por la adrenalina, que también constriñe sus cuerdas vocales.

Busque pistas ocultas de lenguaje corporal

¿Recuerda el capítulo dedicado a aprender a leer el lenguaje corporal? Aquí es donde entra en juego: usted debería ser capaz de leer las micro expresiones, o ráfagas inconscientes de expresión que ocurren antes de que la persona sea capaz de controlarlas. Es posible que pueda ver el movimiento de la frente de una persona cuando se enfada, o la sonrisa de desprecio antes de que pueda ocultarse. Si entiende cómo leer el lenguaje corporal de otras personas, es más probable que sea capaz de entender e interpretar cuando están tratando de engañarle u ocultar su lenguaje corporal en un intento de evitar la detección de sus mentiras.

Usando el engaño

Hay varias maneras diferentes de engañar, pero las más comunes implican la mentira por comisión, la mentira por omisión y la palabrería. Cada una de estas tres varía de diferentes maneras que pueden ser beneficiosas para los engañadores, pero lo más frecuente es que los engañados se sientan muy atraídos por ello, prefiriendo no ser engañados en absoluto.

Mentiras por comisión

Mentir por comisión significa que se ha añadido algo que es falso o activamente erróneo. Esto es una mentira descarada —usted puede insistir en que algo funciona bien, incluso cuando no lo hace, o que está seguro de que el mercado mejorará cuando esté seguro de que está al borde de un colapso. Esta es la más deshonesta de las mentiras, ya que implica decir activamente cosas que no son ciertas, y con frecuencia se ve el mayor lenguaje corporal que lo está traicionando.

Mentiras por omisión

Las mentiras por omisión implican mantener parte de la información fuera. Por ejemplo, se puede mentir por omisión cuando alguien no pregunta si el ordenador que vende funciona perfectamente, por lo que no se menciona que el ordenador necesita realmente una nueva fuente de alimentación porque la actual es defectuosa. Por lo que se ve, cuando se miente por omisión, se omite un componente clave simplemente porque se cree que era el trabajo de la otra persona mencionarlo si se preocupaba por ello en primer lugar y no se tiene la responsabilidad de tomarle la mano y hacer que rinda cuentas. No se siente mal por engañar a alguien porque la otra persona debería haber sido más concienzuda para empezar.

Palabrería

La palabrería implica evitar la pregunta en su totalidad. En este intento de engañar, usted responde a otra pregunta que no fue hecha. Responde con una declaración veraz, pero la declaración veraz no responde a la pregunta que se hizo. Por ejemplo, si le preguntan si cree que la computadora con la parte defectuosa seguirá estando bien durante los próximos años, puede responder que le ha durado los últimos años de forma fiable y sin problemas, lo que técnicamente puede ser cierto, pero no responde de frente que hay una parte que sabe que se está muriendo en ella. La palabrería es mucho más común que otras formas de mentir y engañar simplemente porque utiliza la verdad dentro de ella. La gente se dice a sí misma que no puede sentirse mal por ello cuando no ha hecho nada más que decir la verdad, lo que tranquiliza su conciencia lo suficiente como para estar dispuesto a seguir adelante con ella, aunque saben que han hecho algo que está técnicamente mal.

Detener el engaño con las preguntas correctas

Cuando quiere asegurarse de que alguien no está siendo deshonesto, hay varias preguntas que puede hacerse. Estas le llevarán a analizar realmente lo que se dice o se hace para asegurarse de que lo que se dice es verdad. Aquí hay diez preguntas que puede hacerse cuando intente identificar la verdad de la ficción.

- ¿Conozco al orador como honesto? ¿Qué sé para justificar si la persona está diciendo la verdad?
- ¿Suena esto realista?

- ¿Es esto verificable de alguna manera?
- ¿Qué puedo ganar si acepto esto como la verdad y actúo en consecuencia?
- ¿Qué puedo perder si acepto esto como la verdad y actúo en consecuencia?
- ¿Ganará algo el orador si acepto esto como verdad?
- ¿Hay algo que se exagera o se minimiza en lo que se dice?
- ¿Parece poco realista o demasiado bueno para ser verdad?
- ¿Me sentiría cómodo diciéndole a mi esposa o hijos que acepten esto sin dudarlo?
- ¿Hay algo que suene extraño o antinatural?

Si alguna de estas preguntas parece sonar la alarma, debe confiar en ese instinto e intentar llegar al fondo de las cosas. Si algo no suena bien, es probablemente porque algo no está bien y necesita ser analizado más a fondo. En caso de duda, puede comprobar los hechos. En una entrevista, puede anotar preguntas para pedir referencias o empleadores anteriores. O podría decidir que la persona no es confiable en general y no darle ni siquiera el beneficio de la duda. A menudo, vale la pena prestar atención a nuestra reacción instintiva, especialmente cuando se levantan todas las banderas rojas y suenan todas las alarmas. Confíe en su intuición, junto con estas preguntas y los más reveladores signos de engaño, y será capaz de protegerse e identificar cuando alguien más le está mintiendo en un intento de manipular o engañar.

Capítulo 11: Negociación

La negociación se ve con frecuencia en el ámbito de los negocios. Es algo natural: cuando dos personas no se ponen de acuerdo en algo, tienden a llegar a un estado de negociación en el que cada una trata de obtener lo que quiere de alguna manera. A menudo se utiliza para resolver conflictos y ayudar a mantener la paz, asegurando al mismo tiempo que todos obtengan algo con lo que puedan estar contentos. Esta es una forma de persuadir a la otra persona para que haga lo que usted quiere, ya que implica directamente el intento de influir en el comportamiento de la otra persona ofreciéndole hacer algo más a cambio. Esta es quizás una de las formas más evidentes de persuasión, ya que implica directamente decirle a alguien que usted espera convencerlo de hacer algo y ofrecerle algo a cambio en lugar de simplemente convencerlo de que tome la decisión de hacerlo. Esta franqueza no la hace particularmente manipuladora, sin embargo, ya que todo está sobre la mesa frente a la otra parte.

Definición de negociación

La negociación es la forma en que la gente intenta llegar a un acuerdo cuando no está de acuerdo. Intentan resolver sus diferencias y llegar a algún tipo de acuerdo discutiendo lo que está sucediendo y acordando hacer algunas concesiones, pero esperando que otras partes se mantengan para llegar a un compromiso en el que ambas personas obtengan algo de lo que quieren.

En última instancia, se trata de una técnica de resolución de problemas en la que dos personas son capaces de influirse mutuamente para dar un poco de beneficio. Reconocen que el mejor resultado posible es que todas las partes obtengan algo de lo que quieren en lugar de que todos se vayan insatisfechos. Incluso si algunas personas se van menos satisfechas de lo que podrían haber estado, todos se quedan al menos con algún tipo de felicidad o satisfacción por lo que ha sucedido. La negociación viene con varios pasos, todos los cuales son típicamente seguidos con el fin de llegar a una solución con la que todos estén contentos. Estos pasos son:

- Preparación
- Discusión
- Aclarar lo que todos quieren
- Negociar algo que todos puedan acordar
- Acuerdo sobre el curso de acción
- Aplicación del nuevo plan

Siguiendo estos pasos, la gente se queda más feliz de lo que hubiera sido sin la negociación, y todos se quedan con algo de lo que estaban pidiendo. Este compromiso final es increíblemente útil, puede ser utilizado en las relaciones personales para asegurarse de que todos consigan hacer lo que quieren alguna vez, o en las relaciones en el lugar de trabajo, en las que se puede negociar un aumento o más tiempo libre. Cuando se entiende cómo negociar, se prepara el terreno para poder obtener más de lo que se quiere, incluso si eso significa tener que conceder algo de lo que se pedía. Sin embargo, cuando se negocia, siempre se debe disparar a las estrellas mientras apunta a la luna, y pedir más de lo que realmente se quiere recibir.

Descubriendo la negociación

Tal vez la señal más reveladora de que alguien está tratando de negociar con usted es mirar la situación de frente y preguntarse si están negociando con usted, o si esto depende de la negociación. La gente suele estar dispuesta y feliz de negociar, o admite que está negociando, y las negociaciones solo sirven realmente para beneficiar a todos. Involucrados. Cuando se negocia con otros, es más probable que se consiga lo que se quiere, y la gente lo reconoce. La gente ve que la negociación es útil, y le dirán que están dispuestos a negociar o que están tratando activamente de negociar si usted se lo pide.

Cómo negociar

Cuando intente negociar, debe recordar un consejo clave: la negociación se produce dentro de las relaciones. Cuando se negocia con un jefe, se está negociando algo que va a impactar a todos. Si está negociando con un compañero o alguien con quien tiene una relación personal, va a querer asegurarse de que la otra persona también esté contenta. Es necesario que usted reconozca que otras personas también participan en las negociaciones y que reconozca que las negociaciones tienen que ser buenas para ellos también, o es probable que no lo acepten a largo plazo. He aquí varios de los pasos que debe utilizar cuando intente negociar con éxito.

Reclamar el valor

En última instancia, si usted está tratando de negociar, está tratando de reclamar más valor a través de varias estrategias. Puede hacerlo a través de varios pasos, incluyendo la creación de lo que está dispuesto a aceptar y lo que se considera demasiado bajo, lo que significa que usted tendrá un cierto punto en el que sabe que se irá. Por ejemplo, si está tratando de conseguir un trabajo con una determinada tasa de pago, comprenda cuál es la cantidad más baja por la que está dispuesto a trabajar y no tome menos de eso.

También puede inflar esto al entrevistarse también en otros lugares y ser capaz de decir lo que otros están dispuestos a darle para bajar la presión.

Creando valor

Cuando usted crea valor, deja claro que está ofreciendo algo que los demás valorarán. Esto podría ser en ofrecerse a sí mismo para un trabajo si obtiene una cantidad específica de compensación, o en ofrecerse a hacer una cierta cantidad de algo para obtener algo a cambio. Sea lo que sea, debe afirmar que lo que está ofreciendo es valioso y que la otra persona debe quererlo.

Estrategias de influencia

¿Recuerda las propiedades universales de influencia y persuasión? Póngalas en juego aquí. Utilice lo que aprendió en esa sección y úselas en la negociación. Cuando lo haga, es mucho más probable que consiga lo que quiere. Como recuerda, los seis principios universales son:

- Reciprocidad
- Compromiso y coherencia
- Prueba social
- Autoridad
- Agrado
- Escasez

Si los usa, es probable que vea los resultados que desea.

Puntos ciegos

Reconozca los puntos ciegos de la negociación y llénelos. Estos tres puntos ciegos asesinos en las negociaciones incluyen:

- **La relación no es igual ni se gana con confianza:** Esto significa que el hecho de que usted haya desarrollado una relación con alguien no significa que es probable que le den lo que quiere o necesita. Es totalmente posible crear una relación sin crear confianza, y a su cliente le puede gustar mucho sin confiar realmente en que seguirá adelante. Esto puede destruir las negociaciones cuando se da cuenta de que el cliente no confía en usted. En su lugar, haga una prueba de credibilidad con una prueba fácil: ver cuán dispuesta está la otra persona a aceptar la acción.

- **Los beneficios corporativos no ayudan con los miedos personales:** Esto se refiere al hecho de que cuando se hacen negocios y se realizan ventas, no importa cuán segura sea una corporación; la gente temerá el cambio o se sentirá incómoda con lo que está sucediendo. La gente prefiere lo familiar y sin ello, a menudo se sienten incómodos. Usted puede ayudar a evitar que los miedos personales acaben con su negociación preguntando si hay algo que hace que la otra parte se sienta incómoda o si le gustaría discutir alguna preocupación.

- **El acuerdo no es un compromiso:** Esto se refiere al hecho de que a menudo, un acuerdo no es vinculante. Usted puede acordar hacer algo, pero también puede cambiar de opinión y hacer otra cosa, especialmente si no tiene nada que le obligue a cumplirlo. Cuando esto sucede, puede perder en las ventas o en el cumplimiento de su parte del trato. Para prevenir este punto ciego, puede involucrar discusiones controladas en las que se discuta un compromiso real. Esto permite la discusión sobre las reservas y cualquier otra cosa mientras se avanza activamente hacia un compromiso.

Confrontando las mentiras y el engaño

Cuando se está negociando y se detectan signos de deshonestidad o engaño, es el momento de utilizar las habilidades que se aprendieron en el capítulo anterior, en el que se aprendió a cuestionar y desafiar el engaño y las personas potencialmente deshonestas. Haga las preguntas necesarias y no tenga miedo de echarse atrás si siente que la otra persona es deshonesta. Las negociaciones dependen de la confianza para ser verdaderamente honradas, y si siente que la otra persona no está siendo honesta, no puede confiar en ella.

Reconocer y resolver los dilemas éticos

Esto se hace a través de una constante discusión. Siempre debe preguntar a la otra persona cómo se siente con lo que está sucediendo y abordar cualquier preocupación en el momento. Recuerde, la negociación es una forma natural de persuasión en la que usted es claro con la otra persona que quiere que haga algo. Esto se hace a través de la honestidad y la discusión, y puede preguntar a la otra persona qué es lo que desea ver o lograr a través de las negociaciones, y preguntarle sobre cualquier reserva que pueda tener. Si tienen alguna reserva, siempre debe dirigirse a ellos. Debe abstenerse de mentir o esquivar cualquier pregunta o preocupación para mantener las negociaciones éticas y respetuosas.

Negociar desde una posición de debilidad

En última instancia, lo más importante que hay que recordar es que cuando se quiere negociar, hay que hacerlo desde una posición de debilidad. Cuando busca negociar y lo hace desde la debilidad, solo tiene cosas que ganar, mientras que si intenta negociar cuando ya está en la delantera, es más probable que pierda en las cosas que tiene en lugar de mejorar su posición. Por supuesto, siempre debe estar dispuesto a negociar si alguien se acerca a usted, o al menos, debe estar dispuesto a escucharle, pero tampoco está bajo presión para aceptar si las negociaciones le costarán demasiado.

Cuándo no negociar

En última instancia, las negociaciones suelen ser bastante fáciles de llevar a cabo. Sin embargo, hay algunas situaciones en las que las negociaciones no son su mejor opción. A veces, es mejor alejarse o aceptar lo que se ofrece en lugar de tratar de negociar. He aquí cuatro ocasiones en las que la negociación no vale la pena.

No vale la pena los recursos

A veces, las negociaciones no valen los recursos. Pueden requerir demasiado tiempo para hundirse en ellas, o pueden requerir que pague demasiado dinero por algo que potencialmente estaría ganando. Debe sopesar si las negociaciones le beneficiarán o solo le harán retroceder más de lo que realmente quiere ganar. Si gastará mucho más en honorarios legales que en lo que su negociación le reportaría, por ejemplo, probablemente sea mejor que se salte la negociación por completo.

No tiene un buen apalancamiento

A veces, simplemente no tiene suficiente poder de negociación para conseguir lo que quiere. Necesita poder ofrecer algo para obtener algo a cambio, pero si no tiene nada que ofrecer, no es probable que llegue a ninguna parte en sus negociaciones y es mejor que acepte lo que se le ha ofrecido.

Las negociaciones enviarían una señal equivocada

A veces, negociar solo servirá para enviar una señal equivocada, como cuando se le dio algo de buena fe. Por ejemplo, si alguien se ofrece a comprarle un helado para pagarlo por adelantado, no intente negociar para conseguir tres helados porque quiere llevarle algunos a su cónyuge e hijo también —a caballo regalado no se le miran los dientes. A veces, cuando intenta negociar, solo va a molestar y ofender a la otra parte y potencialmente perderá la posibilidad de conseguir cualquier cosa, y debe aceptar lo que se le ofrece.

Las negociaciones son culturalmente inapropiadas

A veces, las negociaciones simplemente no son apropiadas. La gente no negocia el costo de sus alimentos o su atención médica cuando está en los Estados Unidos. Simplemente no es culturalmente apropiado en los Estados Unidos, y por lo tanto la gente no lo hace. Si usted lo intentara, probablemente se reirían de usted y le diría que pague todo el precio o se vaya. Necesita saber si es culturalmente apropiado negociar o no, y si no lo es, necesita reducir sus pérdidas y no molestarse.

Capítulo 12: Control mental

Si bien el control mental entra en la categoría de influencia y persuasión, también es en gran medida poco ético. Esto es lo que se vería dentro de los cultos, organizaciones terroristas y relaciones abusivas con el fin de obtener el control de otra persona. Se utiliza estrictamente para el beneficio del manipulador sin tener en cuenta el individuo que está siendo controlado. No es ético y en gran medida debe evitarse si se intenta influenciar a las personas de manera ética. Sin embargo, puede ser útil comprenderlo para poder identificarlo antes de que le suceda a usted.

Definición del control mental

El control mental no significa que usted esté literalmente controlando la mente de otra persona a distancia, sino que es capaz de mover los hilos adecuados para obtener los resultados que está tratando de obtener. Usted es capaz de cambiar los pensamientos de la persona en algo que cree que es mejor para todos los involucrados, o es capaz de convencerlos para que actúen de ciertas maneras sin esfuerzo. Implica la interrupción de los procesos de pensamiento de una persona, secuestrando su identidad y capacidad de tomar decisiones, tener ciertos valores o relaciones, y hacer que tengan una nueva forma de pensar. Elimina la capacidad de la persona de tener libre albedrío, comprometiendo su capacidad de pensar con claridad al insertar sus propios pensamientos en la mente de la otra persona.

Este proceso lleva tiempo, es lento y sutil, se apodera lentamente de la mente de la persona sin que sea consciente de que está sucediendo. No se dan cuenta de que alguien más está orquestando todo, y con el tiempo, el sentido del yo de los demás se erosiona. Se supone que es perjudicial, y aunque puede que no implique fuerza física, sí incluye presión psicológica.

El control mental es quizás más peligroso y efectivo para controlar a otra persona porque nunca implica violencia física. Las señales de alarma son tan increíblemente sutiles que nadie se da cuenta hasta que es demasiado tarde. Incluso cuando la persona ha llegado a reconocer al individuo de confianza como un manipulador, puede ser increíblemente difícil borrar todos los cambios que el manipulador ha hecho, ya que están tan profundamente arraigados y son tan difíciles de separar de los pensamientos naturales del individuo que no pueden hacerlo por sí mismos.

Usando el control mental

El control mental comienza sutilmente, pero evoluciona con el tiempo. Comienza pareciendo bastante inocente hasta que eventualmente controla el pensamiento de la otra persona por completo. Si busca controlar la mente de alguien, hay siete pasos a seguir:

Piense por ellos

Si le repite algo a alguien lo suficiente, empezará a creerlo. Puede hacer esto a través de la repetición constante, aunque tiene que hacerlo de forma natural. Por ejemplo, si quiere convencer a alguien de que está mejor con usted como pareja, para preparar el escenario para poder hacer lo que quiera dentro de la relación, debe repetirlo a lo largo del tiempo. Siempre recuérdele lo afortunado que es de tenerle, y empezará a creerlo. Su tolerancia por lo que usted podría hacerle aumentará lentamente, porque no importa lo que usted haga, les recuerda que tiene suerte, incluso con lo malo.

Crítica

La gente tiene miedo de ser criticada. Les hace sentir como si estuvieran equivocados o que están siendo excluidos, y lo odian. Si usted quiere manipular a la otra persona para que le escuche o haga lo que sea que esté pidiendo, debe hacerlo a través de la crítica. Con el tiempo, las críticas que anuncie quebrantarán la autoestima de la otra persona, haciéndola más fácil de controlar.

Aislamiento

Las personas son vulnerables cuando están solas. Si usted puede eliminar la red de apoyo de alguien, no tendrán nada que los defienda del abuso o la manipulación que usted pueda usar, ya que nadie más estará allí para ver las banderas rojas o proteger a la persona que estás manipulando.

Privación de sueño

La gente se vuelve mucho más susceptible a la persuasión si se los manipula cuando están exhaustos. No serán tan capaces de resistir cuando estén exhaustos, y se ha descubierto en estudios que las personas empiezan a sentir los efectos de esto después de solo 21 horas sin dormir, lo que hace que sea un método fácil de usar.

Amenazas de rechazo

A menudo, esto puede ser suficiente para mantener a raya a los que están aterrorizados de estar solos. Si se les amenaza con dejarlos, es mucho más probable que se sientan inclinados a seguir lo que se les pide porque no quieren decepcionar y no quieren estar solos. Pueden sentir que están condenados si están solos, o que les aterroriza estar sin su manipulador, sobre todo si se han convencido completamente de que tienen la suerte de tener al manipulador en una relación con ellos.

Bombas de amor

Esto se refiere a la tendencia de algunas personas de cubrir a las personas con amor, afecto y afirmaciones de su grandeza durante un corto período de tiempo para esencialmente colocar a la persona en un pedestal. Esto crea una adicción artificial al individuo, que se utiliza cuando el manipulador decide retirar el afecto y la atención, esencialmente poniendo a la víctima en retraimiento y sintiendo que necesita hacer todo lo que esté a su alcance para volver a la buena voluntad del manipulador.

Control mental vs. lavado de cerebro

Hay una distinción muy clara entre el control mental y el lavado de cerebro. El lavado de cerebro comienza cuando la víctima entiende que la otra persona es un enemigo. La persona es consciente de que a la otra persona no le gusta y no tiene sus mejores intereses en mente. Sin embargo, con el tiempo, con el lavado de cerebro, el individuo llega a cambiar su sistema de creencias en uno que es más propicio para mantenerse vivo. En lugar de odiar al enemigo, se adaptan y renuncian a algunos de sus propios valores para mostrar que harían algo que el enemigo aprueba para que el abuso termine y se mantenga vivo. A menudo, el lavado de cerebro de la persona es muy violento físicamente, y la persona no tiene otra opción que conformarse o morir. El lavado de cerebro típicamente se desvanece a medida que la persona es alejada del responsable.

Por otro lado, el control mental es más insidioso. Es sutil y la persona que lo recibe no tiene idea de que está sucediendo. A menudo, el que controla es un amigo cercano o un miembro de la familia, o alguien más en una posición de confianza para el que está siendo controlado. La víctima no está cediendo a los valores de la otra persona en un intento por sobrevivir o mantener una relación, sino que ha sido alimentada lentamente con información y pensamientos que han cambiado lentamente su proceso de pensamiento. El manipulador ha logrado, de manera lenta, pero segura, apoderarse de los pensamientos y sentimientos de la otra persona y lo hace de adentro hacia afuera. Esto significa que no ha habido ningún daño que haya desencadenado los pensamientos y sentimientos. No hubo lugares perceptibles donde la manipulación ocurrió. La persona que está siendo controlada mentalmente no entiende cuándo o cómo sucedió, pero de repente se dio cuenta un día que los pensamientos dentro de su mente no eran suyos.

Señales de intento de control mental

Cuando usted intenta identificar si alguien le está controlando la mente, hay cinco factores clave que debe buscar:

Aislamiento

A menudo, los que intentan manipular a alguien más, implican aislamiento. Esto se debe a que cuando alguien está aislado, el único contacto de ese individuo con otras personas es el manipulador. Si su cónyuge o pareja de repente tiene un problema con cualquier intento de ir a ver a otra persona o de hacer amigos fuera del matrimonio o de la relación, puede que esté intentando mantenerle a solas. Cuando está solo sin nadie más con quien hablar, es mucho más probable que caiga en la trampa de lo que le esté diciendo el manipulador simplemente porque no tiene a nadie más disponible para hablar con usted. No tiene a nadie que le diga que lo que está pasando no tiene sentido. Está solo y vulnerable, que es exactamente lo que el manipulador quiere. El manipulador tratará de separarle de sus amigos y familiares, e incluso puede tratar de sabotear todas esas relaciones, junto con sus relaciones en el lugar de trabajo, simplemente porque quiere tenerlo solo bajo su pulgar.

Mal humor

Vigile a su pareja cuando usted no haga lo que sea que le pida. ¿Parece enfadado? ¿Le hace sentir mal por lo que está haciendo hasta el punto de que incluso usted podría ceder y cambiar su propio comportamiento para detenerlo? Si se siente como si estuviera atascado caminando sobre cáscaras de huevo para complacer a la otra persona con el fin de evitar una discusión, está viendo los primeros signos de que su mente está siendo controlada y que la otra persona ha tenido éxito. Su comportamiento está cambiando en respuesta a la otra persona según lo que esta quiera, y eso no es saludable ni está bien en una relación. Nunca debe cambiar quién es usted en respuesta a otra persona, y aunque la comunicación, el compromiso y las negociaciones son saludables y necesarias a veces, no implican cambiar sus reacciones instintivas ante las cosas.

Metacomunicación

La metacomunicación se refiere a todos los comportamientos sutiles, típicamente inadvertidos, en los que una persona se involucra y que revelan su estado de ánimo y establecen el escenario para las interacciones. Son pequeños y están destinados a transmitir lo que se siente en el momento. Por ejemplo, si usted le pregunta a su pareja si le gustó un regalo que le dio, y le dice que sí mientras suspira y no le mira, sabe que en realidad no hizo un buen trabajo al elegir el regalo. A menudo, aquellos que buscan controlar la mente de los demás utilizan esta metacomunicación intencionadamente para añadir una especie de pensamientos subliminales e inconscientes a la mente de la otra persona.

Programación neurolingüística

La PNL, como recuerda, implica colocar pensamientos en la mente de una persona a través del lenguaje para convencerla de hacer ciertas cosas. Como recuerda, implica usar un lenguaje que evoque ciertas respuestas de la otra persona, como hablar con alguien muy orientado visualmente con palabras como "¿ves lo que digo?" para que sea más probable que estén de acuerdo con usted o que hagan lo que les pida.

Controlar el comportamiento

A menudo, aquellos que intentan manipularle utilizarán conductas de control para hacerlo. No le permitirán hacer lo que usted quiera cuando quiera, y le obligarán a cumplir horarios estrictos. Incluso pueden empezar a regular cuándo puede hacer cosas como comer, dormir o usar el baño en un intento de controlar su mente y lo que está haciendo. Esto es insalubre e inhumano y no debería estar sucediendo en su relación. Cuando esto ocurre, es evidente que la otra persona está tratando de secuestrar su mente y ha llegado lo suficientemente lejos como para poder influir incluso en sus acciones y funciones más básicas.

Prevenir el control mental

Si alguno de los anteriores le resulta familiar, puede que necesite evitar que el control mental empeore. Nunca debe sentir que se está perdiendo con otra persona, y si está sucediendo, es hora de recuperar su propio control. A continuación, se presentan algunas formas de protegerse del control mental:

Permanecer cerca de los amigos y la familia

El manipulador busca separarle de los amigos y la familia porque le quiere para sí mismo. Sin embargo, nunca debe sacrificar las relaciones existentes por otras nuevas. Sus amigos y familia son increíblemente importantes, y ninguna persona que le quiera le exigirá que se alejes de todos sus amigos y familia sin ninguna razón. Siempre debe insistir en permanecer cerca de estas personas en su vida y negarse a aceptar un no por respuesta. Usted es su propia persona con sus propias relaciones, y su pareja o quien sea que esté tratando de controlar su mente necesita aceptarlo. Si aun así se pelean por eso, probablemente debería terminar la relación por completo.

No ceda a las rabietas o al mal humor

¿Usted sabe que nunca debe ceder al berrinche de un niño? Trate a los adultos de la misma manera, especialmente si están siendo manipuladores. No se rinda cuando su pareja está siendo malhumorado en un intento de controlarle, ya que hacerlo solo lo recompensaría con la atención y el resultado que está tratando de obtener. Recuerde que usted no es responsable de los estados de ánimo o emocionales de los demás, y si la otra persona quiere enfurruñarse, déjela, pero no deje que se interponga en su camino.

Preste atención a las señales no verbales - y no deje que le influyan

Si el manipulador en su vida está intentando manipularle con pequeñas señales no verbales o metacomunicación, no se rinda. Puede reconocer el lenguaje corporal y la desconexión entre lo que se dice y lo que se refleja, pero no actúe sobre el lenguaje corporal. Simplemente reconozca lo que se dice y siga adelante, o pregunte por qué el lenguaje corporal no coincide con el lenguaje verbal. No tiene que ser responsable del estado de la otra persona.

Contrarrestar la PNL

Aunque esto es difícil de detectar, ya que normalmente implica mucho entrenamiento y práctica, debe buscar la sensación de haber conocido a la persona perfecta. Preste atención para ver si le está reflejando regularmente o si está usando frases que no parecen coincidir con lo que está sucediendo en el momento. Debería ser capaz de reconocer cuando alguien está diciendo cosas repetitivas, y puede llamarle la atención sobre ello o elegir dejarlo.

Negarse a renunciar a la autonomía

Cuando alguien intenta controlarle a través de reglas o exigencias irracionales, puede simplemente decir que no. Si sus amigos le dicen que las cosas no parecen normales o aceptables, debe confiar en ellos. Recuerde qué les diría a sus amigos si viera alguna bandera roja evidente en sus relaciones, por lo que es probable que ellos hagan lo mismo con usted. Si sigue sus consejos y presta atención a sus advertencias, es más probable que pueda escapar del control mental.

Capítulo 13: Habilidades sociales reales

En última instancia, la manera más genuina de influenciar y persuadir a los que le rodean es a través del desarrollo de sus propias habilidades sociales. Usted quiere ser capaz de asegurar a la gente que quieren ayudarle debido a sus propias motivaciones internas en lugar de sentir que deben hacerlo, o que están siendo coaccionados o manipulados para ello. Estas son las habilidades que desarrolla a través de la inteligencia emocional, que le llevan a ser un líder nato y un individuo genuinamente querido.

¿Cuáles son las verdaderas habilidades sociales?

Hay varias habilidades sociales que son absolutamente cruciales para el éxito en el mundo. Como adulto funcional, usted debe entender cómo comportarse en situaciones sociales, y si puede y lo hace, es probable que desarrolle una relación e influencia natural a medida que las relaciones evolucionan. Las habilidades sociales más importantes son:

Contacto visual

El contacto visual parece ser un arte perdido en la era actual. La gente siempre está tan perdida en sus computadoras, sus teléfonos, sus tabletas y otros dispositivos tecnológicos que nunca mantienen o hacen contacto visual. Recuerde, el contacto visual tiende a indicar que está escuchando a la otra persona, por lo que cuando no se devuelve o se mantiene regularmente, es difícil sentir que se le está escuchando o que se están valorando sus palabras.

Lenguaje corporal apropiado

Las señales no verbales son increíblemente importantes. Recuerde la lista de lenguaje corporal al principio de este libro, y utilícela. Asegúrese de presentarse como abierto y accesible cuando sea posible y aplicable. Si tiende a sentarse con los brazos cruzados, parecerá cerrado y la gente no se acercará a usted. Asegúrese de prestar atención a la forma en que está parado y a las posiciones que toma para asegurarse de transmitir el mensaje correcto en el momento adecuado, incluso cuando no está hablando en voz alta.

Entendiendo lo asertivo versus lo agresivo

La gente parece luchar con la diferencia entre ser asertivo y agresivo. Es importante ser asertivo a veces, especialmente si está discutiendo algo que le apasiona, pero algunas personas son capaces de llevar esa asertividad demasiado lejos y caer en el reino de la agresión. Recuerde que demasiado contacto visual y cierto lenguaje corporal pueden resultar agresivos, y que, si se muestra agresivo, no es probable que obtenga los resultados que desea. Del mismo modo, si el tono y la elección de palabras resultan agresivos, no es probable que vea muchos avances en sus relaciones.

Elegir cómo comunicarse de forma efectiva

La gente tiende a olvidar que cierta comunicación siempre es mejor en persona. Es inapropiado, por ejemplo, elegir un argumento a través de un texto o un correo electrónico, sobre todo porque no se puede oír el tono del texto o del correo electrónico, y no se puede sentir empatía o comunicarse de ida y vuelta a través de las palabras de manera significativa. Asimismo, a veces, el cara a cara es la mejor opción para las noticias que pueden implicar grandes emociones. Por eso, en los consultorios médicos se llama a los pacientes para verlos cuando tienen que dar malas noticias o malos resultados de laboratorio, en lugar de hacerlo por teléfono o por correo electrónico.

Flexible y dispuesto a comprometerse

Si siente que su camino es el único correcto, nunca le irá muy bien socialmente. Tiene que entender que a veces usted se equivoca, y eso es todo. Eso está bien, y estar dispuesto a cooperar con alguien más y a seguirlo si su método no funciona.

Capaz de aceptar las críticas

Puede ser difícil aceptar una crítica en el momento si siente que no es genuina o merecida, pero tiene que aprender que otras personas tienen mentalidades diferentes, y eso está bien. Necesita aceptar que ellos pueden ver las cosas de manera diferente, y su perspectiva es tan importante como la suya. Tiene que estar dispuesto a ver sus críticas para que funcionen bien más tarde.

Positivo y optimista

Nadie quiere lidiar con compañeros de trabajo o amigos negativos —si usted siempre está bajando el ánimo, puede ser el momento de revisar sus propios comportamientos. Las personas que sobresalen en las situaciones sociales son las que se mantienen positivas más a menudo. Su actitud positiva atrae más positividad y son más felices en general.

Estar dispuesto a aprender y a escuchar

Nadie termina de aprender. El aprendizaje ocurre a lo largo de toda la vida, e incluso cuando se estás muriendo, todavía habría más que aprender ahí fuera para usted. Recuerde que siempre encontrará cosas que aprender de los que le rodean, y eso está bien. Incluso aquellos que son más hábiles en sus campos pueden encontrar información útil para aprender de otras personas o de sus propios fracasos. También debe estar dispuesto a hacer preguntas y estar interesado en lo que otras personas están haciendo.

Sea respetuoso

Siempre debe ser respetuoso con los demás. Nunca debe tratar a otra persona como si estuviera por encima de ella, ya que, en última instancia, no lo está. Cada persona tiene una valiosa visión que proporcionar en el mundo, y usted se está haciendo daño si se niega a reconocerlo. Incluso el empleado más principiante en un negocio tiene algo que compartir y algo que enseñar, ya sea una habilidad, un rasgo o un estado mental.

Acepte quién es, incluyendo los errores.

Siempre esté dispuesto a ser usted mismo y a aceptar que comete errores. No espere ser un robot que hace una cosa como los demás, debe reconocer que es único, incluso con sus errores. No debe avergonzarse de sus errores, o de lo que usted es.

Desarrollo de buenas habilidades sociales

Las buenas habilidades sociales son absolutamente cruciales para sobrevivir a la sociedad en su conjunto. Si siente que está luchando, aquí tiene algunas claves para desarrollar buenas habilidades sociales que pueden ayudarle en sus esfuerzos por ser un miembro mejor de la sociedad y mejorar sus relaciones con los demás.

Cómo dar una buena impresión

Solo podemos hacer las primeras impresiones una vez, y por eso, hay que hacer que cuente la primera vez. Hacer esto es sorprendentemente simple, puede hacerlo con solo unas pocas habilidades clave.

- **Llegue a tiempo** - o mejor aún, llegar 5 minutos antes, y dese libertad para llegar a su reunión. Siempre planifique un retraso extra de 5 a 10 minutos, dependiendo de la distancia que vaya a recorrer, e intente a llegar temprano.

- **¡Vístase apropiadamente!** Siempre debe estar vestido y preparado para el escenario. Si va a una entrevista, su ropa debe reflejar el código de vestimenta de la compañía.
- **Sea usted.** No intente ocultar quién es, ya que debe estar seguro de encajar bien con la otra persona. Aunque intente dar una buena impresión, esta no tiene sentido si no es auténtica.
- **Sonría.** Todo el mundo responde bien a las sonrisas y normalmente pueden provocar que la otra persona sonría junto con usted. Esta es una gran noticia, significa que es más probable que les agrade.

Convertirse en un buen conversador

Aprender a hablar parece ser algo natural para algunos, pero otros luchan con ello. Por suerte, aprender a ser un buen conversador es relativamente simple. Solo hay que seguir estos pasos esenciales.

- **Preocúpese genuinamente por lo que dice la otra persona.** Haga preguntas que le permitan conocer a la otra persona. Las preguntas sobre los hobbies, la vida, las motivaciones y otras preguntas similares le ayudarán a desarrollar una comprensión de quién es la persona que está delante de usted y en qué puede estar interesada.
- **Manténgase positivo.** A menos que hable con alguien cercano, no debería hablar del pasado o de lo que ha sucedido. Trate de mantener conversaciones más formales o estructuradas mucho más positivas y dirigidas hacia el futuro en lugar de que le mantengan enfocado en el pasado.
- **Manténgalo como una conversación.** No está tratando de debatir con la otra persona, está teniendo una conversación. Quiere que sea algo ligero si quiere que la otra persona siga hablándole.

- **Sea respetuoso.** Asegúrese de permitir que la otra persona hable y no desacredite o discuta sus perspectivas.
- **Las conversaciones deben ser 50/50.** Usted y su compañero de conversación están teniendo una discusión y ambas personas deben participar en ella. Hable y deje que su compañero hable. Esto mantiene a ambas partes involucradas.

Cómo interesar a la gente

Puede ser difícil entrar en una habitación y no estar seguro de con quién hablar o por dónde empezar. Para evitar el tema por completo, puede interesar a otras personas en usted. Si quiere interesar a otros, debería hacer lo siguiente:

- **Mantenga la confianza.** La confianza es interesante y atractiva. La gente se siente atraída por las personas más seguras de sí mismas en la sala.
- **Sonría regularmente.** Las sonrisas también son atractivas, la gente las ve como una invitación y una señal de que usted no es una amenaza.
- **Asegúrese de que su lenguaje corporal sea abierto y atractivo.** Recuerde, cerrar su lenguaje corporal solo sirve para que la gente lo evite. Considere esto como otro recordatorio para revisar la sección de lenguaje corporal al principio del libro. Lo necesitará.
- **Sea amable.** Asegúrese de que su interacción con la persona sea amistosa y relajada. Debería estar contento de interactuar y la otra persona debería sentirse atraída por su apertura y amabilidad.
- **Hable sobre usted y haga preguntas sobre la otra persona.** Recuerde sus habilidades de conversación. Le ayudarán mucho.

Haga que la gente le aprecie

A la gente le gustan los que hacen tres cosas:

- **Sea simpático:** A la gente le gustan naturalmente aquellos con los que se pueden relacionar. La familiaridad es cómoda, y no hay excepción cuando se conoce a otras personas. Haga algo que le humanice a los ojos de la otra persona: hable de un hobby compartido o comparta algo personal sobre usted.
- **Ofrezca cumplidos:** A la gente le encanta que la feliciten. Les hace sentir bien consigo mismos y también les permite verle a usted como un amigo o aliado por hacerlo.
- **Ofrezca cooperación:** A la gente le gusta naturalmente que trabajen juntos por objetivos comunes. Serán más felices si usted hace algo que les ayude a alcanzar sus objetivos o si les ayudas de alguna manera. Ofrézcase a ayudar a alguien a llevar algo o a conseguirle una bebida o una servilleta en un evento social.

Manejo de las quejas

Ser capaz de manejar las quejas requiere tacto y habilidad, y aunque no es necesariamente algo que le salga natural a todo el mundo, usted también puede aprender a hacerlo. Aquí hay cinco pasos para manejar las quejas:

- **Mantenga la calma:** Puede ser difícil mantener la calma cuando alguien se está quejando, pero sepárese del problema. Todos serán más felices si puede evitar personalizarlo.
- **Escuche:** Si escucha, no solo dejará que la otra persona se desahogue, sino que también le hará ver que está interesado en resolver el problema, lo que puede calmar la situación.
- **Reconozca que hay un problema:** Reconozca lo que ha sucedido y asegúrese de aclarar que sabe cuál es el problema.
- **Pregunte por los hechos:** Asegúrese de escuchar todo lo que la otra persona tiene que decir y trata de entender dónde ocurrió la desconexión.

- **Ofrezca una solución al problema:** El último paso para resolver una queja es ofrecer algún tipo de solución a la queja con la que la otra persona esté contenta. Este es el paso más importante.

Ganar cooperación

Si quiere fomentar la cooperación, debe dejar claro que se espera cooperación. Necesita hacer que la cooperación sea parte de la cultura de su lugar de trabajo, hogar, relación o cualquier otro contexto en el que intente conseguirla. Asegúrese de que todos tengan los recursos necesarios, y asegúrese de estar disponible para ayudar cuando se produzcan conflictos. El objetivo es asegurarse de que todos cooperen pacífica y felizmente, y aunque inevitablemente habrá conflictos en algún momento cuando la gente esté cerca, es necesario dejar claro que los conflictos pueden resolverse.

Criticar con tacto

Ofrezca su crítica en una especie de sándwich de cumplidos. Esto significa que su crítica debe ponerse entre dos cumplidos para entibiar a la otra persona y dejarle claro que su crítica es para ayudar y no para herir.

Cómo hacer enemigos y cómo evitarlos

Desafortunadamente, es muy fácil hacer enemigos sin querer. Puede hacer una cosa mal y de repente perder una buena amistad. Sin embargo, puede aprender a evitar hacer enemigos simplemente aprendiendo qué malos comportamientos deben evitarse. Cuando usted evita estos malos comportamientos, es mucho menos probable que haga enemigos que si estuviera constantemente involucrado en estos errores sociales.

Malos comportamientos a evitar

- **Mentir:** Esto daña las relaciones y la honestidad. Desafortunadamente, se usa comúnmente, especialmente en la comunicación no verbal, como a través de correos electrónicos cuando no está cara a cara con otras personas.

- **Anhelar la violencia:** La gente parece estar predispuesta a anhelar la violencia y la agresión, pero por supuesto, no es una buena tendencia para actuar en entornos sociales. Aunque nos interese la violencia, nunca debemos actuar sobre ella.

- **Robar:** Robar a los demás es una forma segura de meterse en problemas con los que le rodean. La gente no confiará en usted si es conocido por robar, así que es mejor evitar tomar el almuerzo de su compañero de trabajo de la nevera común.

- **Engañar:** En las relaciones románticas, engañar es un comportamiento social que sería mejor detener. A la gente no le gustan los infieles, y si se corre la voz de que usted es un infiel conocido, no es probable que mantenga su relación y estatus social por mucho tiempo.

- **Intimidación:** Meterse con otras personas solo por diversión no es nunca una buena imagen. La gente no disfruta de los matones en su vida personal o profesional.

- **Ceder al estrés:** Si deja que el estrés y sus emociones gobiernen su vida, no es probable que sea feliz, ni que haga feliz a otras personas por estar a su alrededor.

- **Chismorrear:** Honre la privacidad de los demás y no comparta lo que ha oído a través de la reja. Le servirá más mantener las relaciones que arruinará con chismes tontos que compartiendo la última y jugosa primicia que escuchó en la sala de descanso.

Conclusión

¡Felicidades! Usted ha llegado al final de *Persuasión*. Esperemos que la información proporcionada aquí sea de gran beneficio a medida que avance en su vida. Recuerde, la información de este libro es estrictamente informativa y no tiene la intención de ayudarle a manipular, controlar la mente o herir a otras personas sin ética. No tiene que caer en la oscuridad para usar las habilidades que usan aquellos que están perdidos en la oscuridad. Puede aprender mucho a través de la forma en que la gente manipula a los demás, incluyendo la mejor forma de no caer en la trampa de ser manipulado usted mismo.

Dentro de este libro, usted fue guiado a través de varios conceptos diferentes. Aprendió todo sobre las emociones, la empatía y el lenguaje corporal. Recuerde todo el lenguaje corporal que aprendió —de todo lo que hay en este libro, esa puede ser una de las mejores habilidades por fomentar y desarrollar. Aprendió varias formas diferentes en que la gente puede controlar, influenciar y persuadir a otras personas para que hagan lo que quieren o necesitan. Aprendió todo acerca de cómo la gente prefiere interactuar con otros, así como cómo desarrollar de forma genuina y natural el tipo de persuasión e influencia que tanta gente desea.

También se le enseñó cómo desarrollar varias habilidades sociales que son de suma importancia si desea tener éxito.

En última instancia, la información de este libro debe guiar su propio comportamiento. Deje que esto le permita ir por su vida, informado y consciente de cómo sus propios comportamientos influyen en los demás. Observe el lenguaje corporal de los que le rodean y vea con qué facilidad pueden ser influenciados por sus propios comportamientos. Aprenda de las habilidades de negociación para asegurarse de ser capaz de conseguir lo que desea mientras continúa dando a los demás. Recuerde cómo mantener éticas sus interacciones con los que le rodean, incluso si entiende cómo tomar el control y manipularlos en obediencia para hacer lo que sea que esté buscando.

Puede usar la información que se le ha proporcionado para bien. Puede usarla para mejorar sus relaciones, su carrera y su vida social. Si entiende cómo interactúan las personas con los demás, puede asegurarse de interactuar positivamente. Puede hacer que cada interacción con otras personas sea positiva y satisfactoria para todos los involucrados. Sobre todo, puede desarrollar las habilidades que necesita para desarrollar naturalmente y ganar su propio tipo de habilidades de liderazgo. La gente buscará naturalmente seguirle si desarrolla su inteligencia emocional. La gente naturalmente buscará seguirle y escucharle si tiene habilidades sociales avanzadas. Puede usar todo eso a su favor para asegurarse de que tanto usted como los que le rodean sean felices con la vida. Use su iluminación y conocimiento para el bien, y vaya ahí fuera, armado con el conocimiento que necesita para persuadir a otros, tanto para su propio beneficio como para el de ellos.

Segunda Parte: Inteligencia emocional

Los secretos para mejorar su inteligencia emocional, habilidades sociales, carisma, influencia y autoconciencia, y consejos de comunicación efectivos para persuadir a la gente

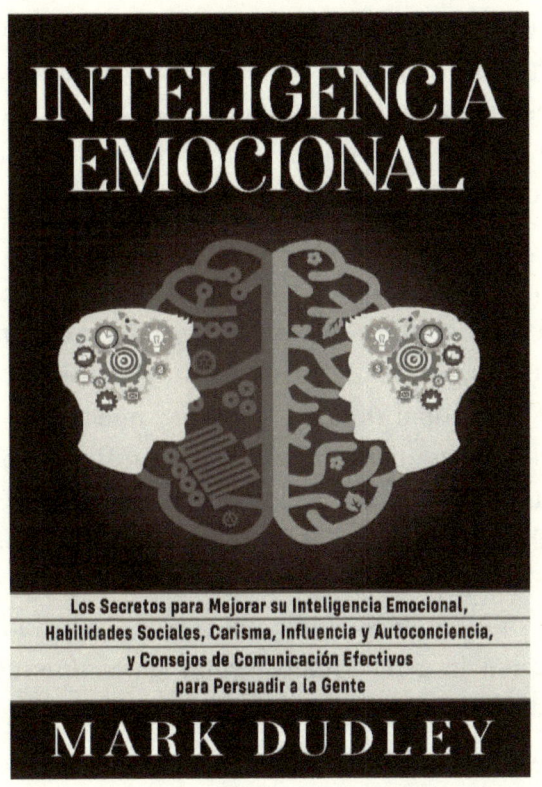

Introducción

La inteligencia emocional es algo dentro de cada uno de nosotros de lo que apenas somos conscientes. Algo que determina cómo controlamos nuestro comportamiento, cómo nos presentamos ante la sociedad, cómo nos comunicamos con otras personas y cómo tomamos decisiones.

La inteligencia emocional nos ayuda a conocer la influencia que tiene en nuestras emociones y en las de los demás; una habilidad que nos permite reducir el estrés, aprender a comunicarnos de manera efectiva, superar obstáculos y resolver conflictos. La inteligencia emocional debería ser parte integral de la mayoría de nuestras actividades diarias. Su dominio influirá positivamente en nuestras actitudes y en las de los que nos rodean. Cualquiera que tenga la habilidad de una alta inteligencia emocional es capaz de determinar su estado emocional y el de los que le rodean. Saben cómo atraer a la gente sin ninguna manipulación ni engaño y son alguien a quien la gente quiere seguir gustosamente o con quien quieren pasar tiempo.

¿Por qué se considera tan importante un alto cociente emocional (EQ)? Porque aquellos que no son las personas más "destacadas" en ciertas áreas a menudo resultan ser más exitosos en el trabajo o más felices en sus vidas personales. Probablemente usted conoce a gente brillantemente educada y sin embargo socialmente desordenada, sin suerte en los negocios y sin éxito en las relaciones personales. Un alto CI (coeficiente de inteligencia) no es suficiente para ser feliz y exitoso en todas las áreas de la vida, en cualquier caso, en aquellas áreas que son más importantes para nosotros. El CI ayudará a entrar en la universidad, pero el EQ (cociente emocional) da testimonio de nuestra capacidad para hacer frente a muchas capacidades diferentes. El CI puede ayudarle a conseguir una entrevista de trabajo, pero algo como entrar en un equipo y desarrollar relaciones es responsabilidad del EQ.

No solo leerá en este libro lo que constituye la inteligencia emocional en acción, sino también cómo puede desarrollarla y utilizarla, y cómo le ayudará a resolver algunos problemas y a prevenir otros. Descubrirá cómo tener un alto nivel de Inteligencia Emocional y alcanzar un nivel de equilibrio emocional, y usará su nueva autoconciencia para encontrar el éxito en todas las áreas más importantes de la vida.

Capítulo 1: Emociones e inteligencia

La inteligencia emocional es un concepto que ha surgido además de la inteligencia en su sentido tradicional. Si normalmente asociamos la inteligencia con cosas como la mente, la educación y el coeficiente intelectual, entonces la inteligencia emocional es otra cosa. Es la capacidad de una persona para percibir y utilizar la información emocional que se recibe, o se transmite, a través de las emociones. La inteligencia emocional está incluida en el rango de intereses tanto de las ciencias naturales como de las humanidades — neurología, psicología, neuropsicología, fisiología, sociología y filosofía.

A menudo, al escuchar sobre la inteligencia emocional, la gente se pregunta si se puede llamar "inteligencia". Las emociones son informativas, solo hay que controlar la propia comunicación para ver esto. Notará que la mayor parte de la información que recibe no proviene de las palabras de la persona, sino de la expresión de su rostro. Cuando se trata de la primera impresión, muchas personas a menudo sienten que entienden inmediatamente si una persona es algo "malvada" o "honesta", o si no es digna de confianza. Esto se llama la capacidad de comunicarse y establecer contacto, y a un nivel más avanzado, la capacidad de entender a las personas. Y siempre se trata de las emociones.

Las emociones son estados subjetivos que experimentan los seres humanos y los animales; las emociones surgen en respuesta a la influencia de estímulos externos o internos y aparecen en forma de experiencias directas, por ejemplo, el placer o el disgusto, la alegría, el miedo y la ira.

Aunque hablamos de "miedo en el corazón" y "alegría en el alma", las emociones nacen en el cerebro debido a la activación de sus estructuras correspondientes. Hace mucho tiempo, unos experimentos demostraron que la excitación de ciertas estructuras en el cerebro causa la aparición de emociones positivas, que el cuerpo busca fortalecer, extender o repetir. Por el contrario, la excitación de otras estructuras provoca la aparición de emociones negativas, que el cuerpo busca eliminar o debilitar. De ahí el significado biológico de las emociones: tienen una función de evaluación, gracias a la cual el cuerpo puede responder con antelación y rapidez a los cambios del entorno, para movilizar la energía necesaria para satisfacer las necesidades inmediatas. Esto significa que las emociones están llenas de cierta información, y su aparición se debe también a razones específicas porque las emociones no surgen sin un desencadenante. Siempre son una respuesta a los estímulos: el entorno, el acontecimiento.

Las emociones no se quedan en un segundo plano mientras la vida fluye; afectan directamente a las actitudes y las relaciones, y participan en el proceso más importante de la toma de decisiones de una persona. A menudo se dice que las emociones interfieren en la toma de decisiones, pero esto es discutible: las emociones motivan, y una persona motivada se inclina a tomar decisiones basadas en esas emociones. Una decisión puede ser errónea, al igual que una decisión tomada sin emociones puede resultar errónea. Para que las emociones no fallen, hay que desarrollar la inteligencia emocional, al igual que una persona desarrolla la mente.

Las emociones subyacen a la experiencia de vida de un individuo. Al desempeñar el papel de refuerzo negativo o positivo, ayudan a desarrollar, consolidar y preservar formas particulares de comportamiento, o, por el contrario, a eliminarlas. Si esto le recordó los experimentos del académico Ivan Pavlov, tiene razón. Los más famosos fueron sus experimentos con perros: después de que sonara una campana, se le daba comida al perro, a la vista de la cual literalmente empezaba a babear. Posteriormente, cuando sonaba la campana, la saliva del perro comenzaba a producirse con antelación: el animal ahora asociaba el sonido de la campana con comer comida sabrosa. Ahora piense en sus propias reacciones emocionales a varios estímulos. Por ejemplo, cuando se espera una llamada de una persona querida, es probable que agarre el teléfono con esperanza y alegría cada vez que suena. Y viceversa: si alguien a quien no quiere escuchar le llama, la llamada le causará temor y otras emociones desagradables.

Es un gran error pensar que las emociones son demasiado vagas, tendenciosas o incontrolables. El desarrollo de las emociones es un paso crucial en el camino de la evolución, lo que se confirma con la opinión del fundador de la teoría de la evolución. Charles Darwin dijo que las emociones ayudan a evaluar la información entrante (por ejemplo, el grado de peligro) y, como resultado, elegimos la línea de comportamiento que consideramos más adecuada para una situación determinada.

Resulta que las emociones también nos sirven para aumentar la fiabilidad y ampliar las capacidades de adaptación del cuerpo. Tener una respuesta emocional es también una de las principales formas en que los humanos regulan internamente su actividad mental y su comportamiento.

Debe entenderse que las emociones —y también lo mencionaremos en una de las secciones del libro— están en gran medida (como las acciones) determinadas por las normas de moral y leyes del lugar donde vivimos. Tales "normas" existen en todas las sociedades (aunque en algunos ambientes, las normas morales y legales son tales que no podemos obligarnos a considerarlas morales y correctas). Esto es muy fácil notar al comunicarse con representantes de diferentes culturas: los japoneses, por ejemplo, son extremadamente restringidos en la expresión de sus emociones. Los japoneses no le mostrarán sus almas ni hablarán libremente de los detalles de su vida. Pero, aquí en los EE. UU., es bastante normal expresar las emociones abiertamente y esto se encuentra a menudo incluso entre completos extraños: en línea, en un tren, en un hospital.

Las emociones parecen ayudar a satisfacer ciertas necesidades, pero la conexión no se limita a esto: las necesidades espirituales, estéticas, morales e intelectuales son también la base para el surgimiento de los sentimientos, las formas más altas de emociones.

¿Qué es lo que acompaña a la aparición de las necesidades de cualquier persona? Si se piensa con detenimiento, la respuesta será: la aparición de cualquier necesidad, sin excepción, siempre va acompañada de un sentimiento de insatisfacción, que se intensifica con cualquier intento infructuoso de satisfacer la necesidad (es decir, cuando los esfuerzos no llegan a la meta). Esta es una muy buena demostración de la necesidad de amor: cuantas más experiencias amorosas negativas tenga una persona, más agudo será el sentimiento de insatisfacción y más fuerte la necesidad de amor. Las emociones que acompañan a esas experiencias solo pueden imaginarse: tal vez ira, resentimiento, odio, autodesprecio y desesperación.

Así que llegamos al hecho de que las emociones son positivas o negativas. La naturaleza ha decretado que no experimentamos solo emociones positivas. Cumplen su tarea biológica: como las emociones negativas acompañan a una necesidad insatisfecha, animan a una persona a superar los obstáculos que impiden la satisfacción de sus necesidades. En otras palabras, observe más de cerca este hecho aparentemente paradójico: si no hubiéramos sido "tan malos", no habríamos sabido que lo éramos y no habríamos intentado cambiar nada. Si no sintiéramos hambre, no tendríamos necesidad de comer y muy pronto llegaríamos a un grado extremo de agotamiento, y posteriormente moriríamos.

La satisfacción de nuestras necesidades nos lleva a emociones positivas. En este estado, tenemos un sentimiento de satisfacción, felicidad, gozo, alegría y gratitud, no solo como resultado de nuestros esfuerzos, sino también como recompensa por nuestro trabajo. Con su ayuda, el cuerpo confirma que no lo intentamos en vano y que conseguir lo vital es útil y simplemente agradable. Las emociones biológicamente positivas ayudan al cuerpo a evaluar el grado de satisfacción de sus necesidades. Están asociadas a los llamados mecanismos de saturación sensorial que están ampliamente representados en los procesos de satisfacción de las diferentes necesidades (en la alimentación, en la comunicación, en la proximidad, etc.). Además, cuando una persona se entrena metódicamente para satisfacer una misma necesidad, adquiere la capacidad de guiarse para lograr el objetivo no solo por las emociones negativas, sino también por las ideas sobre las emociones positivas que aparecerán cuando se satisfaga la necesidad. Así pues, una persona comienza a buscar el placer: sabe por experiencia que una determinada acción le dará muchas emociones positivas.

Los ejemplos más obvios son la comida y el sexo, y estos ejemplos son indicativos porque recuerdan a los extremos: en la búsqueda de la satisfacción de una necesidad y la recepción de emociones positivas, una persona corre el riesgo de convertirse en dependiente de esta satisfacción. Por lo tanto, estos sentimientos sin control, producen glotones o el orden más alto de Casanova (hombre o mujer).

Capítulo 2: La inteligencia emocional es otra forma de mente

El estudio de la inteligencia emocional comenzó en 1937, cuando el psicólogo hereditario Robert Thorndike publicó un trabajo sobre la inteligencia social. En 1940, el destacado psicólogo David Wechsler (que también fue influenciado por el padre de Thorndike) avanzó en el tema con un artículo sobre los componentes intelectuales y no intelectuales. Wechsler señaló que los componentes no intelectuales son aún más importantes para la adaptación social que los intelectuales. Fue con ellos que comenzó un estudio serio de este fenómeno. Un hito importante fue también en 1983 cuando Howard Gardner escribió sobre "inteligencias múltiples", y en 1990, cuando los psicólogos americanos John Mayer y Peter Salovey introdujeron el término "inteligencia emocional" y comenzaron un programa de investigación para medirla. Definitivamente mencionaremos el libro de Daniel Goleman "Inteligencia emocional", que fue publicado en 1995 y se ha convertido en un clásico: a pesar de que el término en sí no fue su idea.

Mayer y Salovey acuñaron la frase "inteligencia emocional". Los científicos han descrito la inteligencia emocional basándose en sus partes constituyentes. La inteligencia emocional es una combinación de cuatro habilidades, entre las cuales tenemos:

• La precisión de evaluar y expresar emociones: la habilidad de determinar las emociones de acuerdo a su estado físico y pensamientos, apariencia y comportamiento. Esto también incluye la capacidad de expresar sus emociones y necesidades relacionadas con otras personas.

• El uso de las emociones en la actividad mental: la comprensión de cómo se puede pensar de manera más efectiva usando las emociones. Muchos problemas provienen del hecho de que algunas personas no saben cómo controlar sus emociones, no las entienden y no son capaces de controlarlas. Si una persona tiene esa habilidad, obtiene un regalo inestimable: la capacidad de ponerse en la posición de otro, verse a sí mismo desde este lado y evaluar la situación desde diferentes puntos de vista. Todo esto es la capacidad de ver el mundo desde diferentes ángulos. Esta habilidad es extremadamente productiva, porque permite regular las relaciones y encontrar soluciones a problemas apremiantes.

• Comprensión de las emociones: capacidad de determinar el origen de las emociones, clasificarlas, reconocer la relación entre palabras y emociones, interpretar el significado de las emociones relacionadas con las relaciones, comprender los sentimientos complejos, ser consciente de las transiciones de una emoción a otra. Los investigadores incluyen aquí el posible desarrollo ulterior de la emoción.

• Gestión de las emociones: la capacidad de utilizar la información que proporcionan, evocar emociones o alejarse de ellas (en función de su contenido informativo o su utilidad), gestionar las emociones de los demás y las propias.

Afortunadamente, la inteligencia emocional puede desarrollarse. Esto no es lo que se nos da desde el nacimiento y para toda la vida.

Aunque, por ejemplo, J. Mayer cree que es imposible aumentar el nivel de inteligencia emocional, porque, en su opinión, esto es solo un hecho. Pero luego admite que a través de entrenamiento, una persona puede aumentar su nivel de competencia emocional, es decir, la capacidad de reconocer sus sentimientos y los de otras personas con el objetivo de auto-motivarse y controlar sus emociones.

Entre sus oponentes, vemos a un muy autoritario D. Goleman, un verdadero titán en el estudio de la inteligencia emocional. Goleman cree que la inteligencia emocional puede ser desarrollada porque las vías nerviosas del cerebro continúan desarrollándose hasta la mitad de la vida humana. Los métodos para desarrollar la inteligencia emocional pueden ser muy diferentes, y entre ellos, todos encontrarán al menos uno que sea el más adecuado: la educación familiar, las relaciones en la sociedad, las relaciones cercanas con el sexo opuesto, y simplemente la experiencia de la vida misma, que, como sabe, es el mejor maestro.

Cuando los estudios sobre la inteligencia emocional se hicieron ampliamente disponibles, resultaron ser el eslabón perdido con respecto a una pregunta específica: ¿por qué las personas con inteligencia promedio (CI) están por delante de los competidores con inteligencia más alta el setenta por ciento de las veces? Este problema arrojó una densa sombra sobre lo que la gente siempre había confundido con el único requisito principal para tener éxito: el CI. Por el contrario, varias investigaciones coinciden en que la inteligencia emocional es también tan importante como esta otra enfocada principalmente en el componente de inteligencia.

La inteligencia emocional consiste en tres habilidades básicas que describen la comprensión personal y social:

1) Habilidad personal: consiste en nuestra autoconciencia y habilidades de autogestión. Esto se centra en nosotros como persona y no mucho en nuestras interacciones con los demás. Esto implica ser capaz de entender nuestro estado actual y emociones, y

ser capaz de controlar nuestras inclinaciones y comportamiento. Dos habilidades pertenecen a esto:

a) Autoconciencia: esto implica ser capaz de sentir con precisión nuestras emociones actuales y seguir su apariencia y desarrollo. Somos conscientes de nuestras emociones personales, la forma en que afectan a nuestro pensamiento y patrones de comportamiento, conocemos nuestros puntos fuertes y nuestros puntos débiles, y mantenemos la confianza en nosotros mismos, y

b) Autogobierno: la habilidad de usar la comprensión de las emociones de uno para permanecer flexible y dirigir positivamente el comportamiento de uno. Somos capaces de manejar acciones repentinas o sentimientos impulsivos de manera saludable, y manejar nuestras emociones, pensar y actuar de manera correcta, cumplir con las obligaciones y adaptarse a las circunstancias cambiantes.

2) Competencia social: consiste en la comprensión de los procesos que tienen lugar en nuestro entorno y en la comprensión de las relaciones humanas. Este aspecto está implicado en nuestra comprensión de los estados de ánimo de los que nos rodean, su comportamiento actual y las razones de dicho comportamiento, con el fin de mejorar la calidad de la relación entre nosotros y otras personas. Esto también incluye dos habilidades:

a) Comprensión social: la habilidad de notar con precisión las emociones de otras personas y entender lo que realmente está sucediendo. Gracias a esta habilidad, identificamos y llegamos a comprender las emociones, problemas y necesidades de los demás, y cómo sentirnos cómodos en la sociedad; y

b) Gestión de las relaciones: la capacidad de utilizar la comprensión de las emociones propias y ajenas para gestionar con éxito las interacciones con otras personas. Sabemos cómo empezar y continuar (de forma saludable) con buenas relaciones, cómo hablar de forma que no se nos malinterprete, inspirar a los demás, cómo trabajar bien con muchos otros y encontrar una salida a las situaciones de conflicto.

La inteligencia emocional y el coeficiente intelectual son dos cosas diferentes. La inteligencia emocional es un elemento fundamental del comportamiento humano que es distinto de la inteligencia. No hay una conexión conocida entre una medida de inteligencia y la inteligencia emocional; es completamente imposible predecir el nivel de inteligencia emocional basado en cuán inteligente es alguien, es decir, cuán alto es su coeficiente intelectual. El CI en sí mismo es mal entendido como un grado de educación o como un indicador de genialidad. El CI es su capacidad de aprendizaje, y a los quince años usted tiene el mismo CI que a los cincuenta. La inteligencia emocional, por otro lado, no es un don fijo. Puede aprender a desarrollarla. Además, con un aprendizaje, uso y práctica constantes, usted puede ser un maestro de la inteligencia emocional. Por supuesto, algunas personas tienen naturalmente una inteligencia emocional más alta que otras, pero puede desarrollar la inteligencia emocional a un alto nivel si lo desea, incluso si no sabía que podía hacerlo.

3) Individualidad: la última pieza del mosaico. La individualidad es el resultado de profundas preferencias, como la tendencia a centrarse en uno mismo o, por el contrario, a mostrar un comportamiento extrovertido. Sin embargo, al igual que el coeficiente intelectual, no se puede usar la personalidad para predecir el nivel de inteligencia emocional. Como el CI, la personalidad es estable y no cambia a lo largo de la vida. Cada uno de estos fenómenos — el CI, la inteligencia emocional y la individualidad— representa una base única para la interacción de una persona consigo misma y con el mundo que la rodea.

La inteligencia emocional afecta:

• Nuestro éxito en el trabajo: la inteligencia emocional ayuda a gestionar los contactos, lo que es especialmente importante si una persona trabaja en equipo o si su trabajo está relacionado con la comunicación (y la gran mayoría de las clases son adecuadas para estos criterios). La inteligencia emocional ayuda a motivar a las personas, y si hay un elemento de competencia en el trabajo, a superar a los rivales.

- Salud física: la vida moderna es estresante; es un hecho. Por supuesto, hay personas que tienen menos estrés, pero en general, no se trata de quién tiene más o quién tiene menos, sino de cuánto es capaz de manejar una persona. Si no se puede controlar el nivel de estrés, esto puede conducir a graves problemas de salud. El estrés no controlado puede suprimir el sistema inmunológico, aumentar el riesgo de un ataque cardíaco, elevar la presión arterial, contribuir a la infertilidad y acelerar el proceso de envejecimiento. Por lo tanto, un prerrequisito vital para desarrollar y mejorar su inteligencia emocional es tratar de averiguar y entender cómo reducir el estrés.

- Salud mental: el estrés constante también puede afectar la salud mental de una persona, haciéndola susceptible a la depresión y la ansiedad. Cuando no somos capaces de comprender y responder adecuadamente a nuestras emociones, nos encontramos sujetos a cambios de humor, y la incapacidad de controlarnos a nosotros mismos lleva a la incapacidad de formar relaciones fuertes, lo que al final puede hacernos experimentar una soledad aguda.

- Relaciones: entendiendo nuestras emociones y sabiendo cómo responder adecuadamente a ellas, somos capaces de expresar mejor nuestros sentimientos, entendemos lo que otras personas sienten, y cómo. Esta habilidad nos permite interactuar mejor y más eficientemente, además de crear mejores relaciones tanto en el trabajo como en nuestra vida personal.

Así que la inteligencia emocional está asociada con el éxito en el trabajo. Piense en cuánto afecta su inteligencia emocional al éxito profesional. La respuesta corta es: mucho, porque es una manera poderosa de enfocar la energía en una dirección con un resultado enorme. Durante un estudio a gran escala que comparó la inteligencia emocional con otras treinta y tres habilidades importantes para el trabajo, los psicólogos sociales de la Universidad Aristóteles de Tesalónica descubrieron que la inteligencia emocional es el predictor más fuerte del éxito en el trabajo, y determina el 58% del éxito, y en todas las áreas profesionales. ¡Más de la mitad! Y resulta que factores tan importantes como el CI, el perfil de educación, la experiencia previa, etc. representan incluso menos de la mitad de los méritos.

Nuestra inteligencia emocional es la base para adquirir las habilidades más importantes, y es crítica porque afecta a la mayoría de lo que decimos y hacemos cada día. La inteligencia emocional es el criterio más importante para el éxito en el lugar de trabajo, y para aquellos que aspiran a una posición alta, es el factor más importante en el liderazgo.

Entre los participantes del estudio había ejecutivos, incluyendo grandes compañías internacionales; resultó que el noventa por ciento de ellos tenían un nivel muy alto de inteligencia emocional. Al mismo tiempo, solo el 20% de los empleados que ocupaban puestos de base tenían una inteligencia emocional muy desarrollada, lo que significa que tarde o temprano se considerará que deban ocupar una posición mucho más elevada. Si otros desarrollan su inteligencia emocional, sus capacidades también mejorarán notablemente. Usted puede ser la persona más importante que trabaja para una empresa sin inteligencia emocional, pero las posibilidades son pequeñas.

La inteligencia emocional puede ser desarrollada. Esta es ciertamente su propiedad más alentadora. La comunicación entre nuestros "cerebros" emocionales y racionales es la fuente física de la inteligencia emocional. El camino para la inteligencia emocional comienza en el cerebro; cuando ocurre un evento que nos involucra, nuestros sentimientos primarios surgen aquí y a través del sistema límbico se abren paso hasta el primer plano del cerebro antes de que podamos pensar racionalmente en lo que ha sucedido.

Así que tenemos una reacción emocional a los eventos antes de que la mente sea capaz de comprenderlos. La inteligencia emocional, por lo tanto, requiere una comunicación efectiva entre los centros racionales y emocionales del cerebro.

Existe el término "neuroplasticidad". Los neurólogos lo usan para describir la habilidad del cerebro para cambiar. El cerebro crea nuevas conexiones cuando aprendemos nuevas habilidades. Los cambios ocurren gradualmente porque las células cerebrales desarrollan nuevas conexiones para acelerar la efectividad de las habilidades recién adquiridas. El uso de estrategias para desarrollar la inteligencia emocional permite que miles de millones de neuronas microscópicas que allanan el camino entre los centros racionales y emocionales del cerebro "tiren de las ramas" para llegar a otras células. Una célula puede crear quince mil vínculos con sus vecinos. Cuando entrenamos nuestros cerebros constantemente usando nuevas estrategias para aumentar nuestra inteligencia emocional, el comportamiento emocionalmente inteligente se convierte en un hábito.

Capítulo 3: ¿De dónde vienen las emociones?

Si recordamos a Charles Darwin, hace unas páginas atrás, entonces simplemente no tenemos derecho a olvidarnos de la evolución. En términos de evolución, la fuente de las emociones puede ser considerada como formas primarias de irritabilidad. Pero las verdaderas emociones están asociadas con el desarrollo de estructuras cerebrales especiales, principalmente formaciones límbicas. Gracias a estas formaciones, se ha producido la transición de la naturaleza activa del comportamiento a un nivel cualitativamente nuevo. El cerebro ha adquirido la capacidad de utilizar las experiencias subjetivas (es decir, las emociones) del propio estado como una fuerza estimulante e impulsora del comportamiento.

La primera teoría fisiológica de la aparición de las emociones es la llamada teoría periférica. Fue propuesta por William James y Carl Lange en la década de 1880. En su opinión, las emociones son una consecuencia de los cambios en la actividad de los órganos internos y los músculos, y estos cambios son causados por los estímulos apropiados.

Esta teoría tiene derecho a existir, pero se utiliza principalmente para explicar las emociones causadas por el estado físico del cuerpo (por ejemplo, una persona está enferma y, como resultado, experimenta una variedad de emociones negativas). Pero esta teoría no es adecuada para explicar las emociones de un nivel superior porque es imposible explicar que las emociones sociales o estéticas son causadas por cambios en los órganos internos. De ser posible, se trata solo de un tramo, como los cambios estructurales en el cerebro que conducen a psicopatologías y, en consecuencia, a algunas sensaciones sociales (o antisociales).

En el primer tercio del siglo XX, se planteó la llamada teoría Cannon-Bard (o talámica) de Walter Cannon y Philip Bard. Esta teoría se basa en el hecho de que en una determinada estructura del cerebro —el tálamo— se forman excitaciones emocionales, que dan lugar a reacciones en la periferia del cerebro que son características de una determinada emoción. A continuación, James Papez presentó su teoría (el "circuito Papez"), que da el papel principal de la formación de las emociones a las estructuras límbicas del cerebro. Como ya hemos mencionado anteriormente el sistema límbico y hemos prometido dedicarle una sección especial, usted se da cuenta de que fue este científico el que ideó la solución. Según su teoría, las excitaciones emocionales comienzan y terminan en el hipocampo, extendiéndose a los cuerpos mamarios, luego a través del tálamo hasta el giro cingulado en lo que se llama el circuito de Papez. Según Papez, la propagación de la excitación emocional desde el giro cingulado hasta la corteza de los hemisferios cerebrales crea una coloración emocional de los procesos mentales.

Hablamos del hecho de que las emociones son necesarias para vivir y adaptarse a la sociedad. Esta idea fue desarrollada activamente a mediados del siglo XX por el fisiólogo Pyotr Kuzmich Anokhin. Desarrolló una teoría biológica, que se basa en el hecho de que las emociones surgieron durante el proceso de evolución como medio para una adaptación más exitosa de los seres vivos a las condiciones de la existencia. Las emociones eran útiles para la supervivencia y permitían a los seres vivos responder rápidamente y de forma más económica a las influencias externas, lo que conducía a la aparición de necesidades internas y a la satisfacción. Además, las emociones permiten a los animales y a los humanos evaluar el impacto en el cuerpo de diversos factores, incluidos los perjudiciales. Producen una integración casi instantánea de todas las funciones corporales, como resultado de lo cual se determina la utilidad o la nocividad del factor influyente. Las emociones, de hecho, siguen la pista a un entorno cambiante y así ayudan al cuerpo a desarrollar una respuesta. A menudo esa reacción se produce a la velocidad del rayo.

Nos interesa otra teoría, cuya autoría también pertenece a Pavel V. Simonov. Su teoría sugiere que el estado emocional del cuerpo está determinado por dos factores: por un lado, las emociones negativas que acompañan a las necesidades iniciales del cuerpo, y por otro lado, la probable previsión de emociones positivas para satisfacer esas necesidades. La evaluación por el cerebro de los dos factores más importantes —la necesidad y la probabilidad de su satisfacción— puede ser una condición necesaria y suficiente para la aparición de un espectro de emociones.

Las emociones y el cerebro

Si las emociones aparecen en respuesta a un estímulo externo, surge una pregunta lógica: ¿dónde aparecen? Hay ciertos mecanismos fisiológicos cuyo conocimiento nos ayuda a entender de dónde vienen nuestras reacciones emocionales.

El "método de irritación" permitió objetivar las sensaciones emocionales en los animales. Todo comenzó en 1954, cuando dos investigadores de la Universidad McGill, James Olds y Peter Milner, se preparaban para realizar la estimulación eléctrica de la formación reticular del tronco cerebral de las ratas, mientras enseñaban a estos animales a resolver problemas. Los científicos implantaron electrodos en aquellas áreas del cerebro de los animales que eran más adecuadas para la tarea. En los experimentos preliminares, los investigadores notaron que cuando el pulso eléctrico se encendía, la rata se escapaba constantemente a un lugar determinado. Cuanto más a menudo observaban tal efecto, más les intrigaba la rata. Por lo tanto, decidieron automatizar la metodología para estudiar en detalle esta "repetición forzada".

Sin embargo, la historia no terminó ahí. James Olds compiló mapas de las regiones del cerebro en las que se podía obtener este efecto. La técnica no dio los resultados esperados, pero por casualidad se descubrió una parte del cerebro (la parte media anterior del paquete cerebral en el septo), que resultó ser una de las principales áreas para obtener este efecto. El resto del sistema de irritación se extiende desde esta zona e incluye áreas del tronco cerebral.

Los experimentos realizados con las técnicas de irritación han demostrado la capacidad de formar impulsos para repetir la estimulación eléctrica de las estructuras límbicas en animales de diversas especies (reptiles, aves y mamíferos). Esta atracción suele ser bastante fuerte y hace que los animales superen importantes obstáculos para obtener un efecto positivo. Las zonas de autoestimulación se consideran centros de emociones positivas. Están ampliamente representadas en la zona del hipotálamo lateral (parte del hipotálamo), la formación reticular del mesencéfalo, en el septo, la amígdala, el hipocampo y otras formaciones límbicas. En la corteza cerebral, estas zonas son mucho más pequeñas.

La irritación de algunas estructuras cerebrales causa reacciones de evitación pronunciadas en los animales. Estas áreas del cerebro se consideran zonas de emociones negativas (o zonas negativas). Su estimulación provoca una actitud extremadamente negativa hacia el entorno en el que se ha producido la irritación. Por lo tanto, los animales no solo tienen miedo de volver a entrar en la oficina veterinaria, donde una vez fueron heridos, sino que experimentan las emociones más desagradables al entrar en una habitación asociadas a algún tipo de evento traumático. Las zonas cuya irritación provoca distintas reacciones emocionales negativas también se encuentran en el hipotálamo, en la parte central de la formación reticular del mesencéfalo y el septo, así como en la amígdala.

A menudo, las personas que aprenden que las emociones negativas nacen no solo "en la cabeza", sino en estructuras cerebrales bien definidas, se complacen en pensamientos sobre la posibilidad de mejorar. ¿Qué pasa si estas estructuras se eliminan del cerebro? Entonces, después de todo, la negatividad será eliminada, y ya no sentiremos resentimiento, incredulidad, duda, insatisfacción, ¿no es así?

Por supuesto, los científicos ya se han hecho esta pregunta. Reacciones en ausencia de criterios objetivos que causen emociones, Walter Cannon llamó "reacciones emocionales falsas". Tales reacciones se observan cuando la amígdala y el hipocampo son removidos, y también la ira cuando la corteza cerebral es removida. En otras palabras, la fórmula "sin área cerebral-no hay problema" no funciona. Las emociones permanecen. Friedrich Goltz a finales de 1800 observó a los perros a los que se les había quitado la corteza cerebral. Los perros reaccionaban con maldad a cualquier irritación externa. Además, la rabia los arrastraba hasta tal punto que perdían la capacidad de evaluar el estímulo adecuadamente; su reacción era excesiva, e incluso los perros que eran amistosos antes de la operación atacaban a sus dueños después de ella.

Otros dos científicos, Heinrich Kluver y Paul Bucy, descubrieron que después de que a los monos se les extirparon las regiones temporales de la corteza, desarrollaron un síndrome (que los investigadores denominaron síndrome de Kluver-Bucy): estos animales siguieron siendo afectados por los estímulos, pero ya no evaluaron su importancia biológica. No podían ver el peligro de lo que iba a causar alarma; por ejemplo, podían comer un objeto completamente incomestible o seguir agarrando un fósforo encendido incluso después de haberse quemado. Habían perdido completamente el sentido del miedo, pero no se trataba de una condición llamada intrepidez; al contrario, los animales se volvieron mansos, empezaron a confiar absolutamente en todo el mundo (incluso en aquellos en los que antes no habrían confiado). Además, en su manada, estos animales se volvieron inadaptados, es decir, no aptos para una sociedad de su propia clase y, por consiguiente, perdieron su posición en la manada. Los investigadores han demostrado que en todos los casos de daño a la corteza cerebral, se pervierten las reacciones emocionales.

Capítulo 4: Cinco habilidades clave para desarrollar la inteligencia emocional

En relación con la alegría y el relativo éxito en la vida, se cree que el EQ significa tanto como el CI. Un fuerte EQ ayuda a un individuo a desarrollar relaciones fuertes. También ayuda a mejorar el éxito en el trabajo y ayuda a alcanzar mejor las metas individuales y colectivas. No es por exagerar la importancia, pero es útil saber cómo aumentar su EQ. Cinco habilidades básicas ayudarán.

Toda la información entrante llega al cerebro a través de nuestros sentidos. Cuando esta información es radicalmente tensa o emocional, el instinto toma el control, y nuestra capacidad de actuar está limitada por las habilidades básicas necesarias para la supervivencia: correr, pelear o separarse mentalmente. Por lo tanto, para poder elegir entre una lista de opciones "rentables" y socialmente aceptables, siempre debemos ser capaces de equilibrar las emociones.

La memoria también está estrechamente relacionada con las emociones. Al aprender a utilizar la región emocional de nuestro cerebro de la misma manera que la racional, no solo ampliamos nuestra gama de opciones en lo que respecta a nuestras reacciones a los estímulos, sino que también aprendemos a utilizar nuestra memoria emocional en la toma de decisiones. Esto ayuda a prevenir la repetición continua de errores pasados. Para aumentar el nivel de inteligencia emocional, como ya hemos insinuado, es necesario entender el lado emocional del cerebro y aprender a manejarlo. El conocimiento que obtendrá de este libro le ayudará con esto porque este conocimiento es un arma valiosa. Hay cinco habilidades clave; habiendo dominado las dos primeras, será mucho más fácil para usted dominar las otras tres.

Así que, el desarrollo de la inteligencia emocional pasa por cinco habilidades clave:

- Habilidad 1: Reducir rápidamente el estrés.

- Habilidad 2: Entender y manejar sus emociones.

- Habilidad 3: Establecer contacto con los demás utilizando la comunicación no verbal.

- Habilidad 4: Usar humor y juegos para enfrentar los desafíos y superar los obstáculos.

- Habilidad 5: Resolver positivamente los conflictos.

Cualquier persona puede aprender estas habilidades en cualquier momento, sin importar su edad o educación. Pero hay una diferencia entre el conocimiento sobre su EQ y ponerlo en práctica. Saber que hay que hacer una cosa determinada no significa que la hagamos. A menudo, este es el caso cuando estamos abrumados por una tensión que podría negar nuestras mejores intenciones.

Un alto nivel de tensión puede interferir con la capacidad de una persona para decodificar con precisión la situación, escuchar lo que dicen los demás, conocer sus propios sentimientos y necesidades, expresar claramente sus pensamientos y comunicarse con los demás. La capacidad de calmarse rápidamente y de reducir el estrés ayuda a mantenerse equilibrado, concentrado y controlado, sin importar los problemas que surjan o lo estresante que llegue a ser la situación.

Para cambiar y mejorar constantemente su comportamiento mientras se encuentra bajo estrés emocional, debe saber cómo utilizar a su favor las poderosas partes emocionales del cerebro que permanecen activas y accesibles incluso en momentos de intensa presión emocional. Esto significa que no puede solo leer sobre inteligencia emocional para dominarla. Debe experimentar y practicar estas habilidades en su vida diaria. Hablaremos de cómo hacerlo ahora.

Lección de habilidad 1 - Cómo reducir el estrés

Desarrolle sus habilidades de manejo del estrés siguiendo estos pasos:

• Sea consciente de que está estresado. Reconozca que está bajo presión. El paso preliminar implica entender lo que significa sentirse estresado. Control: anote cómo se siente cuando está bajo presión. ¿Cómo reacciona su cuerpo? Observe cómo se tensan los músculos (observe que bajo el estrés, mantienen constantemente la tensión), sus cambios de respiración (se vuelve más superficial y desigual). Ser consciente de su respuesta física al estrés significa ser capaz de regular el estrés cuando ocurre.

• Encuentre su respuesta al estrés. Cada persona responde a este estado a su manera. Aquellos que se inclinan a enfadarse o a preocuparse podrán ayudarse a aliviar por tales métodos (pensamientos, actividades). Aquellos que son propensos a la depresión se beneficiarán de acciones estimulantes. Los que se distraen y se vuelven lentos necesitan acciones que les proporcionen tanto consuelo como estímulo.

• Encuentre una técnica de manejo del estrés que sea adecuada para usted. Hay muchas técnicas; entre ellas, hay una que funcionará mejor para usted. No se desespere si los métodos probados no le ayudan, simplemente no ha encontrado el suyo.

Tenga la seguridad de que existe. Los neurólogos y psicólogos de todo el mundo han estado mejorando las técnicas de manejo del estrés durante décadas. Mientras busca su camino, recuerde una regla simple: la mejor manera de reducir rápidamente el estrés es activar al menos uno de los canales de percepción: visual, auditivo, olfativo, táctil y del gusto. Una vez más, cada persona responde de manera diferente a la activación de los sentidos, por lo que necesita encontrar cosas que le calmen rápidamente o, por el contrario, que le vigoricen. Por ejemplo, si su canal visual funciona mejor que los demás, los medios visuales le ayudarán a evocar una respuesta emocional y a cambiar su estado de ánimo para mejor (puede ser cualquier cosa, desde visitar un museo hasta ver una película o mirar una revista). Si usted es más sensible al sonido, ponga música o vaya al parque y escuche el viento en las ramas de los árboles. ¡Encuentre su camino!

Lección de Habilidad 2 - Cómo entender y manejar sus emociones

La clave para entenderse a sí mismo y a los demás es la capacidad de estar en contacto con sus emociones, ser consciente de ellas y saber cómo afectan a sus pensamientos y acciones. Parece tan simple, pero, desafortunadamente, algunas personas ni siquiera piensan que eso importa. Y como resultado, muchas personas se desconectan de sus emociones, no sienten contacto con ellas, no conocen los signos de su aparición y manifestación, y no saben cómo controlarlas; esto es especialmente cierto en el caso de fuertes emociones subyacentes como el miedo, la alegría, la ira y la tristeza. Esa desconexión con las propias emociones puede ser el resultado de acontecimientos negativos, especialmente los que tuvieron lugar en la infancia, que enseñaron a una persona a apagar sus sentimientos. Pero, al distorsionar o negar nuestros sentimientos, no podemos eliminarlos. Todavía están dentro de nosotros, los conozcamos o no.

¿Qué relación tiene usted con sus emociones?

- ¿Sus sentimientos "trascienden", como si cambiaran de un nivel emocional a otro? Cuando tiene un cambio de emociones, ¿lo siente, siente cómo cambia su estado?

- ¿Sus emociones van acompañadas de respuestas que experimenta en el estómago, el pecho, la garganta o el cuerpo (por ejemplo, un nudo en la garganta, opresión en el pecho, cambio de apetito o piel de gallina, etc.)?

- ¿Experimenta emociones ocultas (ira, tristeza, miedo, alegría), cada una de las cuales es evidente en las sutiles expresiones de su rostro?

- ¿Puede usted experimentar sentimientos intensos que sean lo suficientemente fuertes como para captar tanto su atención como la de los demás?

- ¿Presta atención a sus emociones? ¿Influyen en la toma de decisiones?

Si usted no está familiarizado con alguna de estas experiencias, sus emociones pueden disminuir o apagarse. Para estar emocionalmente sano y ser emocionalmente inteligente, debe reconectarte con sus emociones centrales, aceptarlas y sentirse cómodo en esta interacción con ellas. La comprensión emocional puede ser estudiada en cualquier momento de la vida. Si no sabe cómo manejar el estrés, es importante empezar con esto. Cuando domine esta habilidad, le será mucho más fácil recuperar el contacto con su mundo emocional. Le será mucho más fácil transferir emociones fuertes o desagradables e incluso cambiar la forma en que se siente y responde a ellas.

Lección de habilidad 3 - Cómo aprender la comunicación no verbal

Para ser un buen conversador, se necesita mucho más que la habilidad de hablar maravillosamente. Además, muy a menudo, la forma de hacer una declaración es más importante y se nota más que la declaración misma. Los signos no verbales que usted representa para el interlocutor son de gran importancia: el tono de voz, las expresiones faciales, los gestos, la posición del cuerpo (en qué posición está, sentado o de pie, qué tan cerca está del interlocutor), qué tan rápido (lento) o qué tan fuerte (tranquilo) habla, y si mira a los ojos de la persona con la que está hablando. Para asegurarse de mantener la atención de los demás y establecer relaciones de confianza con ellos, debe conocer y controlar su lenguaje corporal. También debe ser capaz de leer y responder con precisión a los mensajes no verbales que le envíen otras personas. Estos mensajes no se interrumpen cuando una persona deja de hablar. Incluso cuando usted está en silencio, sigue comunicándose de forma no verbal.

Piense en lo que está transmitiendo y cómo lo que transmite está relacionado con lo que siente. Si insiste en que todo está bien con usted, y al mismo tiempo aprieta los dientes y mira hacia otro lado, su cuerpo claramente señala lo contrario, que usted no está bien. Sus mensajes no verbales pueden dar la impresión de interés, confianza, emoción —o miedo, confusión, desconfianza y desinterés.

¿Quiere mejorar su comunicación no verbal? El éxito en esta área depende de su capacidad para controlar el estrés, reconocer sus propias emociones y comprender las señales que envía y recibe. Cuando conversa:

• Concéntrese en su compañero de conversación. Si, en lugar de concentrarse en él (o ella), está absorto en pensamientos sobre qué decir a continuación, sueña despierto, o reflexiona sobre otra cosa, entonces asegúrese de que no perderse los mensajes no verbales y otras sutilezas de la conversación;

• Haga contacto visual. Mire a los ojos de la persona con la que está hablando, solo mirando periódicamente a otro lado durante unos segundos para no causar tensión al mirar fijamente. El contacto visual puede transmitir interés, apoyar la conversación y ayudar a entender la respuesta de la otra persona y su reacción a sus palabras; y

• Preste atención a las señales no verbales que envía y recibe, como las expresiones faciales, el tono de voz, la posición del cuerpo, los gestos y el ritmo de la conversación.

Lección de habilidad 4 - Cómo usar el humor y juegos para enfrentar los desafíos

El humor, la risa y el juego son antídotos naturales para las dificultades de la vida. Ayudan a aliviar la carga y a ver algo bueno en lo que está sucediendo y a encontrar la esperanza de que será mejor en el futuro. El chiste ayuda a ver el problema desde otro ángulo; hace más fácil tratarlo. Se ha demostrado que reírse honestamente reduce el estrés, mejora el estado de ánimo y devuelve el sistema nervioso a un estado de equilibrio. La comunicación divertida y juguetona hace que la relación sea más animada. Y en general, el humor expande el alcance de la inteligencia emocional, ayudándonos a:

• Superar los obstáculos y hacer frente a las dificultades. Con sentido del humor, nos permitimos considerar la frustración desde una nueva perspectiva; la risa y el juego nos permiten sobrevivir a períodos de irritación, tiempos difíciles, retrasos en asuntos importantes, y barreras inesperadas a la meta;

• Limar asperezas. Utilizando un lenguaje humorístico, podemos expresar fácilmente lo que de otro modo no sería posible sin ese humor;

• Simultáneamente relajarse y estimularse a sí mismo. La comunicación con el elemento del juego reduce la fatiga y relaja el cuerpo, lo que nos permite "recargar las pilas"; y

• Mostrar la creatividad. Relajándonos, nos liberamos del estilo de pensamiento inerte, permitiendo que nuestros pensamientos traigan ideas inesperadas y frescas, y que nosotros mismos veamos las cosas de una manera nueva.

No es tan difícil desarrollar la habilidad de comunicarse fácilmente, mientras se es divertido y animado. Y lo más importante, nunca es demasiado tarde para que la conversación se convierta en risa. Nunca es demasiado tarde para ver por sí mismo o para mostrar a los demás su lado juguetón, alegre y humorístico. Para esto necesita, en primer lugar, practicar más a menudo: cuanto más bromee y ría, más fácil será. Segundo, necesita encontrar acciones agradables que le relajen y le ayuden a expresar su naturaleza juguetona. Y por último, una buena manera de practicar es jugando con animales, niños pequeños y gente que valora las bromas juguetonas.

Lección de habilidad 5 - Cómo resolver positivamente los conflictos

Los conflictos y desacuerdos son inevitables en una relación. Dos personas no siempre pueden tener las mismas necesidades, opiniones y expectativas. Sin embargo, uno debe entender que esto es normal. Conseguir la resolución de cualquier asunto de forma positiva y sin dañar a ninguna de las partes ayuda a desarrollar la confianza entre ambas partes. Tan pronto como se considere que la resolución no es una amenaza o que restringe las libertades, entonces se desarrolla la creatividad y la seguridad en las relaciones. La capacidad de manejar los conflictos de una manera positiva y que genere confianza se apoya en las cuatro habilidades anteriores de la inteligencia emocional. Una vez que entienda cómo manejar el estrés, ser consciente emocionalmente, comunicarse de forma no verbal y usar el humor y el juego, tendrá inmediatamente los medios para lidiar con situaciones negativas cargadas emocionalmente, así como para identificar situaciones potenciales de conflicto y descargarlas antes de que exploten.

Hay varias formas de resolver los conflictos de manera que se fortalezcan las relaciones y se cree confianza entre las partes involucradas:

- Manténgase enfocado en el presente. No se aferre a viejos agravios y resentimientos. Esto le ayudará a aceptar la realidad, a comprender la esencia de la situación, y no solo a resolverla, sino también a considerarla como una forma de deshacerse de viejos sentimientos innecesarios o conflictivos.

- Elija sus argumentos. Los argumentos para resolver un conflicto requieren tiempo y energía, especialmente si quiere resolverlo de forma positiva. Determine qué vale la pena discutir y qué no vale la pena el esfuerzo.

- Adiós. Lo pasado, pasado está. Dejemos que el comportamiento hiriente de los demás permanezca en el pasado. Para conseguir una resolución adecuada, primero debe abandonar el deseo de castigar y vengarse.

- Detenga los conflictos que no pueden ser resueltos. Tales conflictos animan a la gente a seguir discutiendo sin cesar. Es fácil distinguir un conflicto así: el debate sigue y sigue, las pasiones se calientan, y se entiende que no se puede arreglar nada. Nadie convencerá a nadie. El objetivo de la disputa no es la búsqueda de la verdad, sino el conflicto en sí mismo, y con el tiempo, todo solo empeorará. Si se ve arrastrado a un conflicto que no puede ser resuelto, salga de él. Aléjese, deje de discutir, y deje de probar, deje de refutar, incluso si todavía está en desacuerdo con la opinión del oponente.

Los siguientes capítulos tratan un curso práctico sobre el manejo de los sentimientos y las emociones. Al comprenderlos, desarrollará su competencia emocional y reaccionará mejor a las situaciones. También se re-cablea para entender las emociones de los demás y ser una mejor versión de usted mismo.

Capítulo 5: Amplificador de las emociones de alegría - Un recurso que está siempre con usted

"Hay tres trampas que roban la alegría: el arrepentimiento por el pasado, la ansiedad por el futuro y la ingratitud por el presente". - Osho

¿Se puede decir que hay mucha alegría ahora? El control excesivo, el resentimiento, las malas condiciones de trabajo, la falta de dinero, la enfermedad, la dependencia, la decepción, la pérdida, etc., todo esto impide que una persona moderna experimente la alegría. Como puede ver, hay muchas razones para esto.

Según las estadísticas, para el 70% de las personas, el motivo para experimentar alegría, por desgracia, es mucho más débil que el motivo para evitar el dolor. Como regla, la gente no va *a* algo, sino *desde* algo. No van al médico para estar sanos, sino para dejar de experimentar dolor. En el libro "La Ventaja de la felicidad", Shawn Achor destaca varios, en mi opinión, valiosos pensamientos sobre este tema.

- Un gran número de estudios modernos demuestran que la felicidad precede a los indicadores materiales de prosperidad.

- Cuando somos felices, cuando nuestro estado y humor es positivo, entonces somos más inteligentes, más motivados, y por lo tanto más exitosos. La felicidad está en el centro, y el éxito gira en torno a ella.

- Un cerebro positivo tiene ventajas biológicas sobre un cerebro que está en un estado neutral o negativo. Este principio enseña cómo preparar nuestros cerebros para capitalizar las emociones positivas y aumentar la productividad y el ingenio rápido.

La alegría es una de las emociones positivas más importantes. Está en el corazón de la satisfacción, el placer y la felicidad. La alegría es una motivación positiva intrínseca. Si anticipamos la recepción de la alegría, la acción será motivadora para nosotros.

En mi experiencia, como niño, fui un niño muy alegre. Recuerdo cómo me divertía y me regocijaba en cualquier ocasión. En algún momento, la cantidad de alegría interior comenzó a disminuir. Más bien, ni siquiera le presté atención inmediatamente. La vida comenzó a crecer con problemas, metas y tareas. «Probablemente los adultos no son muy felices» pensé. «¡Qué tontería!» Estas palabras me las repitió literalmente en la ciudad de Denver un viejo sabio cuya vida había sido muy dañada. Han pasado cinco años desde ese encuentro, y todavía recuerdo su profunda mirada infantil y una sonrisa infantil sincera. Luego dijo—: Si nos encontramos con problemas, entonces nosotros mismos podemos encontrar la felicidad.

En una encuesta de Harvard Crimson de 2004, cuatro de cada cinco estudiantes de Harvard se deprimen al menos una vez durante su año escolar, y casi la mitad están tan deprimidos que no podían funcionar correctamente. Esta epidemia de infortunio no es exclusiva de Harvard. Al mismo tiempo, las cosas son diferentes en el pueblo pobre de Soweto en Sudáfrica. Los investigadores visitaron una escuela situada cerca de los barrios bajos, donde no hay electricidad ni agua corriente. Uno de los investigadores hizo la pregunta—: ¿A cuál de los aquí presentes le gusta hacer sus deberes? —le pareció que una aversión universal a los deberes los uniría. Pero, para su sorpresa, el 95% de los estudiantes levantaron sus manos y comenzaron a sonreír con sinceridad y entusiasmo.

Más tarde, en broma le preguntó al director por qué los niños de Soweto son tan raros—. Lo ven como un privilegio—respondió—. Un privilegio que muchos de sus padres no tienen. —(Del libro de Shawn Achor "La ventaja de la felicidad").

Alegría, Flujo, Movimiento

En la psicología moderna —relacionada con el éxito— se pueden encontrar referencias a la necesidad de entrar en un estado de flujo. Esta condición libera un enorme potencial de recursos y energía en una persona. En este estado, una persona es capaz de mostrar la mayor eficiencia laboral en combinación con satisfacción. El flujo de alegría que generamos comienza a llevarnos por la vida, atrayendo las circunstancias necesarias para el éxito.

La causa biológica de la alegría

La alegría se refleja en nuestro cuerpo y en nuestra salud. Esta emoción es extremadamente beneficiosa, al igual que las vitaminas. Cuando experimentamos alegría, todos los órganos de nuestro cuerpo funcionan fácil y libremente. En un estado de alegría, con una respiración profunda, el corazón bombea la sangre con toda su fuerza, así que el oxígeno y los nutrientes llegan libremente a todos los rincones de nuestro cuerpo. La emoción de la alegría tiene un efecto estimulante en nuestra inmunidad, que ayuda a superar las enfermedades e incluso a reparar los tejidos corporales dañados.

Los estudiantes de la facultad de medicina de la Universidad de Bar-Ilan, junto con el estudio de disciplinas especializadas, dominan el arte de los payasos. No estamos hablando de actuaciones en el circo o en el escenario. Los futuros médicos tienen la obligación de estudiar el llamado "payaso médico". Los payasos médicos aparecieron en los pabellones de los hospitales israelíes hace unos diez años. Al principio, eran actuaciones espontáneas de artistas frente a niños enfermos, pero poco a poco el payaso médico se convirtió en una profesión. Con el tiempo, los médicos empezaron a notar que además de un buen estado de ánimo, los pacientes mejoran sus indicadores médicos y en muchos casos: la recuperación es más rápida de lo habitual.

Razón social de la alegría

¿Qué le sucede a la gente cuando experimenta la alegría de comunicarse con los demás? Naturalmente, se acercan más y su relación se armoniza. Si una sonrisa aparece en el rostro de una persona, para otra se convierte en una señal de evaluación positiva y aceptación. Así comienza la amistad, el amor, la cooperación. Normalmente, la gente no se siente atraída por personas severas y malhumoradas, a menos que, por supuesto, tengan lo que realmente necesitas.

Además, una sonrisa le dice a una persona que usted está bien. Que está sano, feliz y exitoso. Una persona alegre atrae la atención y provoca el deseo de comunicarse con ella. Este es un componente importante para establecer relaciones de negocios. Un vendedor que no sabe sonreír nunca logrará un gran éxito en el comercio.

Al mismo tiempo, la alegría es un poderoso motivador para alcanzar metas. La emoción de la alegría es un premio que una persona podrá recibir cuando alcance un determinado resultado. Si no se espera la alegría, entonces el deseo de alcanzar la meta es generalmente pequeño. Por eso la combinación de "alegría del proceso" y "alegría del resultado" le da a la persona la mayor motivación. Este es el estado de la corriente.

La razón esotérica de la alegría

«La alegría debe ser compartida; al compartirla, se alivia de la carga. Cuando la comparte, se abren nuevas fuentes en usted, corren nuevas corrientes. Este deseo de compartir la alegría es el amor. Por lo tanto, una cosa se debe recordar: no puede amar hasta que tenga alegría». - Osho

Como la emoción de la alegría es una de las siete emociones básicas, su edad condicional es de unos 50 millones de años. Y esto significa que todavía era inherente a nuestros antepasados. Naturalmente, esta poderosa energía, encerrada en la emoción de la alegría, tenía su fundamento en fuentes religiosas y esotéricas. Según las crónicas eslavas, la palabra alegría consiste en partes de "Ra" y "acceso", cada una de las cuales está dotada de un significado especial.

"Ra" es el dios del sol en las culturas antiguas.

"Acceso" viene de "dar", "recibir" y "riqueza".

Nuestros ancestros atribuyeron las emociones de alegría a la naturaleza divina, y permanecer en esta emoción era un componente importante para servir a los poderes superiores. La alegría de las "buenas noticias" y el gozo de servir a Dios fueron vistos a menudo como las principales características del cristianismo.

Placer, felicidad y alegría

El placer es fisiológico; la alegría es psicológica. El placer tiene una naturaleza corporal, animal. La alegría es más sutil. Podemos decir que el placer es el nivel más bajo de alegría, y la alegría es el nivel más alto de placer.

Cuando tenemos hambre, la absorción de comida nos da placer, pero no necesariamente causa alegría. Si cena en su restaurante favorito, come su plato favorito, entonces su placer será probablemente muy grande. Si al mismo tiempo, está rodeado de una agradable compañía, entonces esta circunstancia y los eventos relacionados pueden causarle alegría.

Los beneficios de la emoción de la alegría

Para aumentar la cantidad de alegría en cada día, debe haber una buena razón. De hecho, cualquier cambio debe ser rentable.

Beneficio nº. 1: Al sentir alegría, nos sentimos más seguros de nosotros mismos.

Beneficio nº. 2: Al sentir alegría, añadimos sentido a la vida y la sensación de que no vivimos en vano.

Beneficio nº. 3: Al sentir alegría, nos sentimos necesarios y deseables.

Beneficio nº. 4: Al sentir alegría, nos sentimos satisfechos con nosotros mismos y con el mundo.

Beneficio nº. 5: Al sentir alegría, experimentamos fuerza y estamos dispuestos a superar cualquier dificultad.

Beneficio nº. 6: Al sentir alegría, nos centramos en las cualidades positivas de una persona.

Beneficio nº. 7: Al sentir alegría, sentimos una profunda conexión con el mundo.

Beneficio nº. 8: Al sentir alegría, añadimos vida a nuestro día a día.

Beneficio nº. 9: Al sentir alegría, mejoramos nuestra salud y bienestar.

Beneficio nº. 10: Al sentir alegría, realmente disfrutamos y admiramos el mundo.

Broma: Los científicos han descubierto que el color naranja libera emociones, aumenta la autoestima y es un excelente antidepresivo. Un billete de 100 dólares tiene las mismas propiedades de estimulación de emociones.

Gestión de la alegría

Existen dos maneras de fomentar el surgimiento de la alegría:

Método 1 - Permitir que la alegría en usted se manifieste. Por regla general, esto se logra mediante la práctica de varias meditaciones, en las que es posible detener el flujo interno de pensamientos.

Formule la tarea de meditación, por ejemplo: "Deseo fortalecer el sentimiento de alegría en mi vida y fortalecer la determinación". Le pido que no sea escéptico sobre la meditación. Una vez la percibí como algo extraño y artificial. Mi experiencia ha cambiado radicalmente mi actitud hacia las meditaciones, y las he estado practicando de varias formas varias veces a la semana durante muchos años.

La meditación (de la palabra latina "meditari") es un tipo de ejercicio que utiliza la concentración en la respiración o un mantra para despejar la mente y alcanzar un estado elevado de calma interior, y con fines de salud para desarrollar el control sobre los pensamientos y las emociones.

Imagínese a usted tumbado en un prado. Muchas flores hermosas crecen a su alrededor, las copas están abiertas hacia el sol, y una ligera y cálida brisa lleva su agradable aroma. Respire con calma, sienta la unidad con el prado, las flores y el canto de los saltamontes. Mire el cielo azul con nubes mullidas, imagínese tan ligero como ellas, despegue de la tierra y nade hacia arriba, hasta el cielo azul y el cálido sol brillante. Cuando se acerque al sol de manera que solo usted y el sol estén en todo el cielo, deténgase e imagine que un rayo de luz solar se extiende desde el sol hacia usted y entra en la zona del plexo solar, situado en la parte posterior de su abdomen superior. Deje que los sentimientos de alegría, optimismo, vitalidad y determinación vengan dentro de usted junto con el rayo amarillo-dorado. Imagine una bola de luz dorada creciendo en el área del plexo solar.

Método 2 - Crear las condiciones para la aparición de la alegría. El famoso escritor Ray Bradbury encontró que las personas socialmente activas, cuya experiencia emocional es muy diversa, a menudo experimentan emociones positivas. Un alto nivel socioeconómico, que ayuda a evitar la monotonía de la vida, también afecta positivamente a las emociones positivas. Sin embargo, Bradbury señala que el dinero y el estatus social pueden contribuir a la alegría, pero no son capaces de eliminar la tristeza. ¿Qué conclusión se puede sacar de esto? Más eventos traen más razones para la alegría.

Si resumimos los estudios de varios especialistas en el campo de la inteligencia emocional y la psicología de las emociones, podemos distinguir una lista general de factores de alegría:

1. Comer.

2. Las relaciones interpersonales y las relaciones sexuales.

3. Comportamiento de las deudas.

4. Ejercicio físico y deportes.

5. Éxito y aprobación social.

6. Aplicación de habilidades.

7. Música, otras formas de arte.

8. El clima y la naturaleza.

9. Descanso y relajación.

10. Pensamientos sobre seres queridos u otras personas le aceptan, que le necesitan, que puede darles algo.

11. Pensamientos sobre el bienestar futuro.

12. Pensamientos sobre eventos agradables y felices.

13. Pensamientos sobre una persona específica o una actividad específica.

14. Pensamientos sobre ciertas acciones de otras personas.

15. Pensamientos sobre sus habilidades y sobre su éxito.

16. El sentimiento de ser aceptado, necesitado, que puede dar algo a otras personas.

¿Qué es la felicidad?

Casi todo el mundo comienza a describir las condiciones para que ocurra la felicidad, y muy pocas personas hablan de la experiencia emocional de la felicidad. En mi opinión, la felicidad es un estado de alegría silenciosa de trasfondo. La alegría silenciosa de trasfondo da una clara comprensión del significado, la gratitud y la aceptación de todo lo que sucede. Este es el punto desde el cual se miden las desviaciones emocionales. Con el trasfondo de la alegría silenciosa, podemos experimentar una variedad de sentimientos, mientras mantenemos una profunda conexión con nosotros mismos y con el mundo. La verdadera felicidad es la alegría silenciosa de trasfondo, y no el éxtasis eufórico.

Para resumir:

1. ¿Qué causa la alegría en su vida diaria?

2. ¿Qué es lo que puede desencadenar su alegría?

3. ¿Qué cree que puede bloquear el flujo natural de su alegría?

4. ¿Qué beneficios puede obtener del aumento de la alegría?

5. ¿De qué manera, en base a la información estudiada, piensa aumentar la cantidad de alegría en su vida?

Capítulo 6: Manejo de la ira - Resistencia emocional en el conflicto

"El más sabio es el que sabe subordinar sus sentimientos a los dictados de la razón. Tanto un tonto como el otro pueden enojarse, pero un tonto, cegado por la ira, se convierte en su esclavo. En el calor de la ira, él mismo no sabe lo que hace, y todas sus acciones lo convierten en malvado". - Proverbio egipcio.

Probablemente ningún otro tema psicológico tiene tanto interés y entusiasmo como el del manejo de la ira. "Necesitas ver a un psicólogo" o "¡Ve a buscar tratamiento médico!" es la receta habitual para una persona que tiene problemas con los sentimientos de ira. Pero en serio, pasemos a las estadísticas:

• Según las estadísticas del Ministerio del Interior, el 90% de los asesinatos se cometen en estado de pasión. Este es un estado en el que una persona está controlada por sus emociones, y no se da cuenta de lo que está haciendo.

• Según las estadísticas, cada persona pasa alrededor del 10% de su vida experimentando ira. ¿Es realmente así? Sin embargo, la mayoría de los crímenes se cometen precisamente en el calor de la pasión, que es precedido por la ira.

La emoción de la ira es un legado que heredamos de nuestros antepasados. La agresión de una forma u otra es inherente a todos los animales, incluso en una plácida mascota hámster. Este es el nivel básico de instinto que ayuda a la mente a sobrevivir, a protegerse a sí misma y a su descendencia, y a someterse a la selección natural.

Fuente de la ira permanente

La ira es un temperamento, una tendencia a enfurecerse. Si una persona experimenta ira, esto sugiere que no satisface algunas de sus necesidades importantes. En el diccionario Oxford Roald Dahl, "ira" se interpreta como un sentimiento destructivo que da a una persona mucha energía. La energía negativa comienza a sobrepasar el límite, estrechando la conciencia y una adecuada percepción de la realidad. Como sabe, hay fuentes más que suficientes para la ira en el mundo que nos rodea, porque las necesidades crecen rápidamente, y las posibilidades de satisfacerlas no son muy buenas. Es por eso que la ira es una ocurrencia común en la sociedad moderna.

Tal vez en ningún otro estado una persona se siente tan fuerte y valiente como en un estado de ira. En la ira, una persona siente que su sangre hierve, su cara arde y sus músculos están tensos. Un sentido de auto-fuerza lo impulsa a correr hacia adelante para atacar al ofensor. Y cuanto más fuerte es su ira, mayor es la necesidad de acción física, más poderosa y enérgica se siente una persona.

Tres causas de la ira

La ira es una consecuencia de necesidades insatisfechas. El "permiso" interno para expresar la ira le da a esta emoción una "luz verde" para salir. Por lo tanto, es necesario el control sobre ella desde el primer momento de su aparición. Enfatizo dos puntos aquí: la ira sale si se permite, y el control es necesario desde los primeros segundos de su aparición.

Razón nº. 1: La ira es una reacción al dolor. Es una reacción programada, que ha sido llevada por la evolución al automatismo.

Razón nº. 2: La ira es una continuación de los sentimientos primarios. Sentimientos como el miedo, la tristeza y la culpa pueden ser la causa principal de la ira.

Razón nº. 3: La ira es una consecuencia de la evaluación dada a una situación. Si define una situación como injusta o contraria a sus valores, la ira surge.

La función positiva de la ira

Debido a que las necesidades insatisfechas son la causa de la ira, esta ayuda a satisfacer esas necesidades. Es decir, la ira es la liberación de energía emocional para movilizar a una persona para que logre un resultado.

Por ejemplo, según mi experiencia, me enfado mucho cuando tengo hambre. Durante mucho tiempo, no pude perdonarme por esto, pero después de hablar con otras personas, me di cuenta de que esta es una condición común. Ahora estoy seguro de que una persona que experimenta hambre se enfurece, y esto es normal. Esta ira era necesaria para que nuestros antepasados pudieran ir a cazar y conseguir comida para ellos y sus familias. Otro punto es que esta energía en el mundo moderno no es tan demandada como la de nuestros antepasados. El mundo se ha vuelto diferente, y necesitamos aprender a dirigir esta energía hacia un canal constructivo. Personalmente, ahora siempre tengo algo para comer a mano.

Cinco reglas para el manejo de la ira

"La ira es el principio de la locura". - Marco Tulio Cicerón.

El tema del manejo de la ira es cuestión de tener las creencias y herramientas adecuadas para ayudar a regular este sentimiento. Si la ira es "tragada", se transforma en resentimiento, irritación, apatía y otros sentimientos negativos. También pueden producirse enfermedades psicosomáticas como la hipertensión o la diabetes mellitus, dos de las enfermedades más comunes asociadas con la supresión de la ira. Por lo tanto, suprimir la ira o tragársela no es la forma más útil de interactuar con ella.

Regla número 1 - Decida tomar el control de su ira.

Al aceptarla, le da una señal a su inconsciente para que aprenda a lidiar con esta emoción. A nivel consciente, reconoce el hecho de que no puede lidiar con la ira y necesita ayuda.

Regla número 2 - Fortalezca su autoestima.

Considere cualquier ataque en su dirección con interés como información útil para el pensamiento. El ejercicio es una excelente prevención, gracias a la cual aprende a soportar el dolor y a recibir un golpe.

Regla número 3 - Aprenda a reconocer los presagios de la ira.

Estos son faros que indican que está entrando en una zona de peligro para usted. Tenga cuidado cuando esté molesto. Puede ser tensión en el abdomen, aumento del ritmo cardíaco, mandíbulas apretadas, etc.

Regla número 4 - Aprenda a reinterpretar los eventos que le ocurren.

Si interpreta la situación como una amenaza, una falta de respeto o una injusticia, la ira se encenderá automáticamente. Lo importante no es lo que nos sucede, sino cómo lo interpretamos.

Regla número 5 - Reduzca sus expectativas de los que le rodean.

Trate de decirse a sí mismo más a menudo que otras personas no están aquí para cumplir sus expectativas. Un gran número de problemas se derivan de nuestra creencia de que todo debe ser como queremos; e inmediatamente. Junto a usted en este planeta viven otros siete mil millones de personas, y este hecho debe ser tomado en cuenta.

Tecnología para el manejo de la ira

En mi experiencia, durante una capacitación que se dedicó a trabajar con la ira y la rabia, uno de los participantes dijo que la ira le abruma por completo, y se vuelve incapaz de controlarse a sí mismo. Recientemente salió del coche y pateó la ventana lateral a un conductor que le "cortó" el paso del coche en una curva. Comprenda que esa reacción es anormal y puede tener tristes consecuencias para él y para los demás. Empezamos a investigar este tema y llegamos a discutir sus creencias. Resulta que su valor dominante es: la justicia. Impone un filtro de "justicia" en todas las esferas de la vida y se guía por ella, utilizándose a sí mismo como guía. Se asignó secretamente la función de guardián y defensor de la justicia. Cada vez que, en su opinión, se viola la justicia, una enorme dosis de energía se derrama en su cuerpo para restaurar la verdad rota.

Paso número 1 - Reconocer internamente que está enfadado. Dándose cuenta de la emoción, tomamos el control de la misma. La emoción inconsciente comienza a controlarnos.

Paso número 2 - ¡Deténgase por diez segundos! Respire profundamente. Este simple método ayudará a aliviar la tensión y a restaurar la respiración. La ira tiende a aumentar el ritmo de la respiración. Y si no se detiene en la etapa inicial de "irritación", entonces será muy difícil hacerlo. Como resultado de la "pausa", se obtiene un tiempo valioso para tomar la decisión correcta en la situación.

Paso número 3 - Póngase en el lugar de la persona que le causó la irritación. Manejar la ira es, en muchos sentidos, el arte de la compasión. Intente comprender la posición y el comportamiento de la otra persona con sinceridad. La base de cualquier acción es un motivo positivo. El deseo de entender y aceptar de dónde viene la otra persona le ayuda a sentir compasión. La compasión le da una ventaja emocional y confianza.

Paso número 4 - Ahora piense en la mejor solución en esta situación. Pregúntese: ¿cuál es la mejor solución y acción ahora? ¿Qué resultado quiero obtener con esta reacción? A veces el humor y una broma apropiada ayudarán a calmar la situación.

Paso número 5 - Sugiera una solución o tome una acción. Sea lo más consciente posible en el momento. No se rinda ante posibles provocaciones y ataques emocionales hacia usted. Usted ha tomado el control de la ira, y ahora necesita mantenerla en un marco controlado. Hable con calma y confianza. Esto fortalecerá su control sobre la ira y debilitará la ira del otro interlocutor.

Tengo malas noticias: la agresión en las relaciones continuará. Lo que se ha estado formando durante millones de años no desaparecerá inmediatamente. Ciertamente se producirán interrupciones, pero cada vez con menos frecuencia. No se apresure y no se reproche por los fracasos. Muchas personas han cambiado radicalmente sus vidas, habiendo aprendido solo tres o cuatro de las técnicas de manejo de la ira que describí, incluyéndome a mí mismo. Y usted puede.

Y ahora las buenas noticias: podemos desarrollar meta-atención y aprender a debilitar las reacciones instintivas, reemplazándolas por formas de comportamiento humanizado.

Para resumir:

1. ¿Qué problemas suele experimentar debido a la ira incontrolable?

2. ¿Qué es lo que desencadena su ira?

3. ¿Qué métodos para controlar su ira ha probado?

4. ¿Cuál de las cinco reglas descritas anteriormente causó la mayor respuesta en usted?

5. ¿Cuál de los cinco pasos de control de la ira le resultará fácil y en cuáles tendrá que trabajar?

Capítulo 7: Manejo del miedo, y cómo desarrollar el coraje

"El miedo es el asesino de la mente. El miedo es la pequeña muerte que trae la destrucción total. Enfrentaré mi miedo. Permitiré que pase sobre mí y a través de mí. Y cuando haya pasado, giraré el ojo interno para ver su camino. Donde el miedo ha pasado no habrá nada. Solo yo permaneceré". - Frank Herbert.

¿Cree que la vida es posible sin miedo?

El miedo es una de las siete emociones básicas; tiene una función de retención y se basa en el instinto de autoconservación. Sin embargo, cuando este miedo comienza a dominar otras emociones, hace que sea difícil hacer las cosas y en general disfrutar de la vida. En este momento, no es usted, sino sus miedos los que son los maestros de la vida.

Si revisa una guía médica detallada, podrá encontrar unas 500 variedades de fobias que son diagnosticadas como desórdenes mentales. En el corazón de todas las formas de miedo está el miedo a la muerte. Las fobias son miedos exagerados que no están basados en el sentido común. Según varias fuentes, alrededor del

9% de la población del planeta mayor de 18 años sufre de varias fobias.

La fuente de los miedos y preocupaciones básicas se origina en la infancia. Al nacer, solo funcionamos por instinto, con cuerpos vulnerables y un cerebro poco desarrollado. En la infancia, estamos muy influenciados, nuestra confianza es insuficiente, y la autoestima se basa en la opinión de las personas mayores. El período hasta los siete años de edad es el más importante para la formación de las creencias, con las que luego tenemos que vivir toda nuestra vida. Es aquí donde se establecen los cimientos básicos del miedo.

Manejo del miedo

En 1949, Egas Moniz recibió el Premio Nobel por su trabajo en el campo de la fisiología y la medicina relacionada con una lobotomía. Descubrió que la eliminación del lóbulo prefrontal del cerebro elimina el miedo en una persona. Sin embargo, esta área tiene una función especial: nos ayuda a presentar posibles escenarios. Este descubrimiento hizo posible que nos diéramos cuenta de que nuestros miedos son causados por la habilidad de visualizar el futuro mentalmente. Gracias a esto, prevemos los posibles peligros y finalmente nos damos cuenta de que un día moriremos. A partir de esto, Egas Moniz concluyó que no pensar en el futuro significa disminuir la ansiedad de uno.

Incluso cuando no tenemos miedo, podemos ser perseguidos por la expectativa de una posible amenaza, lo que también causa miedo. Y salir de este círculo vicioso no es tan simple. Esta es la razón por la que la mayoría de la gente vive como si nunca fuera a morir, pero muere como si nunca hubiera vivido.

Precaución: la siguiente es una lista de desencadenantes emocionales que pueden socavar su sentido de seguridad interior:

1. El mundo está lleno de peligros.

2. La gente es malvada y peligrosa.

3. La gente quiere lastimarme y perjudicarme.

4. La gente quiere usarme para sus propios fines.

5. Si no estoy en alerta todo el tiempo, la gente podrá usarme y dañarme.

6. No puedo protegerme.

7. No puedo cuidarme a mí mismo.

8. No puedo resistir las presiones que otras personas ejercen sobre mí.

9. Tengo miedo de decir que no.

10. Siempre espero que me pase algo terrible.

¿Reconoció algo que usted piensa? Si es así, no se apresure a justificarse. Tenga un poco más de paciencia, hasta las últimas preguntas al final de esta capacitación.

Anécdota: Toda persona normal debería tener miedos arrastrados desde la infancia. De lo contrario, los psicólogos se quedarían sin trabajo.

Solo cuando se encuentra cara a cara con el miedo, puede derrotarlo. En todos los demás casos, el miedo se convierte en el ganador. Nuestra tarea es subyugar el miedo a nosotros mismos y ponerlo al servicio de nuestros objetivos. Reconocer su miedo no es una debilidad. Es valentía. Creo que el miedo a reconocer y expresar nuestro miedo es una de las razones por las que lo llevamos a un nivel subconsciente.

Sentido de seguridad interior

La sensación de seguridad surge principalmente desde el interior. Desafortunadamente, la mayoría de la gente está convencida de que la seguridad es algo externo. Durante mucho tiempo, todos creímos que los aspectos materiales eran sinónimos de seguridad: mucho dinero, trabajo constante y fiable, relaciones estables, etc.

Su verdadera seguridad es un conocimiento inquebrantable: pase lo que pase, usted tiene todo lo que necesita para cumplir todos sus deseos y transformar para mejor todo lo que no es deseable, teniendo en cuenta todas sus verdaderas necesidades. Como resultado, siempre mantiene la confianza, porque sabe que siempre hay una solución para todo.

Para aprender a enfrentar el miedo, no es necesario analizar profundamente su causa. Esto agravará aún más la situación. Al contrario, es necesario centrarse en el sentimiento polar, es decir, en el desarrollo del coraje. El miedo y el coraje son reacciones que una persona puede y debe controlar. El coraje es la misma habilidad que cualquier otra. Puede ser desarrollado trabajando sistemáticamente en sus miedos y usando técnicas especiales para aumentar el coraje.

He llevado a cabo varios programas de entrenamiento para el manejo del miedo. Y en mi experiencia, cada vez, vi el mismo guión. Los tíos y tías adultos llevan los miedos de los niños dentro de sí mismos. El método que uso a menudo es trabajar con el cuerpo. El hecho es que todos los miedos se asientan en nuestro cuerpo en forma de "abrazaderas" corporales. Cuando encontramos estas abrazaderas, y con la ayuda de ejercicios especiales, las amasamos.

El miedo debe ser visualizado, descrito, como se ve, como se apega a la psique. Además, es necesario decir adiós a este miedo. Uno de los participantes se despidió de su miedo ante una multitud de personas. Para ello, durante el entrenamiento, creamos una multitud de personas para él, cada una de las cuales dijo su nombre. Esta metáfora de grupo le ayudó a verse a sí mismo como parte integral de la sociedad, a aceptar su comunidad con la gente, y el valor del contacto.

Tecnología del coraje

Broma: De niño, tenía miedo de la oscuridad. Ahora, cuando veo mi factura de electricidad, tengo miedo a la luz.

Paso número 1: Acepte su miedo. Uno debe aceptar la idea de que el miedo es una reacción natural a una nueva o potencialmente peligrosa acción. Dígase a sí mismo: "¡Sí, ahora tengo miedo!". De esta manera, puede tomar su miedo bajo control primario y detener su desarrollo.

Paso número 2 - Hágase tres preguntas:

1. ¿Por qué este miedo es dañino para mí?

2. ¿Cómo es este miedo útil para mí?

3. ¿Cuál será mi recompensa si venzo este miedo?

Paso número 3 - Tome una decisión para superar su miedo. Donde hay confianza y determinación, el miedo retrocede. Necesita saber firmemente por qué necesita superar su miedo.

Paso número 4 - Entrene su coraje. Primero, escriba en un papel todo lo que le da miedo, entonces:

- Divida estos miedos en tres categorías: fuerte, medio y débil.

- Identifique qué miedos de esta lista son buenos para usted y cuáles son malos.

- Comience por superar los miedos débiles y dañinos. Los útiles no necesitan ser tocados; los necesitamos para sobrevivir.

- Enfrente sus miedos débiles y dañinos todos los días. Rastree este sentimiento en usted y tome medidas para superarlo. ¡Incluso un pequeño avance ya es una victoria!

- Después de superar el miedo, agradézcase a sí mismo por esta victoria.

Poco a poco, como en el gimnasio, aumentando el peso de la mancuerna, aprenderá a superar miedos más poderosos y dañinos. Como resultado de este trabajo, usted desarrollará un coraje interior y una sensación de seguridad emocional. El coraje no es la ausencia de miedo, es la fuerza mental para soportar el miedo y perseverar.

En resumen:

1. ¿Cuáles de los desencadenantes emocionales de miedo propuestos son los suyos?

2. ¿Cuál es la función del miedo en su vida?

3. ¿Qué limitaciones como resultado del miedo ha encontrado?

4. ¿Qué puede impedirle desarrollar el valor?

5. ¿Qué le ayudará a desarrollar el coraje?

Capítulo 8: Autoconfianza - El camino de la autoestima incierta a la autoconfianza

"Si una persona no tiene confianza en sí misma, no confía en nadie en este mundo. Mientras desarrolla la confianza en sí mismo, gradualmente revela esa confianza. Esto a menudo depende de las relaciones con aquellos en los que comienza a confiar. Quien no cree en sí mismo no cree en los demás". - Hazrat Inayat Khan.

¿Qué hay de su autoconfianza? ¿Con qué frecuencia se siente seguro de sí mismo a lo largo del día?

- Según las estadísticas, alrededor del 34% de las personas son extremadamente inseguras, y el 58% de la población en ciertas situaciones siente alguna duda, vacilación y confusión.

- Solo el 8% de la gente en el mundo sabe realmente lo que quiere y cómo lograrlo. Así que si usted está entre el último 8%, lo felicito de todo corazón, mientras que el resto tendrá que trabajar en sí mismo para cambiar sus vidas para mejor.

El tema de aumentar la autoconfianza es una petición bastante frecuente de trabajo de capacitación o de consulta individual, y mi experiencia dice que la edad no importa. Tuve un cliente que ya tenía más de 50 años, y estaba muy inseguro de sí mismo como hombre. Toda su vida estuvo llena de situaciones para evitar el miedo y el comportamiento inseguro en los momentos más cruciales. Esto lo privó de muchas oportunidades e impidió el logro de objetivos. Incluso para una consulta, no se atrevió a venir durante mucho tiempo. Dijo que estaba cansado de vivir a medias y finalmente decidió "respirar la vida" en su totalidad.

Psicología de la confianza

Nuestro cerebro está constantemente evaluando la situación. A partir de estas evaluaciones, se forman nuestras creencias que guían nuestro comportamiento. Me gusta comparar las creencias con programas y controladores en un ordenador. Dependiendo de los programas que se instalen, impactará en la funcionalidad y el rendimiento que se obtenga en el ordenador.

El comportamiento seguro es beneficioso por muchas razones. Según Charles Darwin, en el reino animal, el comportamiento confiado significa que las criaturas más pequeñas a menudo superan a las de mayor tamaño. La confianza demuestra superioridad y fuerza. El comportamiento seguro desarma al oponente, dándole dudas, miedo o incluso pánico. Como resultado, los individuos más confiados reciben más riqueza material y por lo tanto se vuelven más viables. Esta es una selección natural.

El famoso científico y psicólogo Alfred Adler creía que la base de la lucha por la vida de una persona no es el sexo, como afirmaba Freud, sino más bien un sentimiento de inferioridad y disfunción, que son inherentes a todos. Este es el núcleo central de la incertidumbre. Adler creía que un niño, pequeño e indefenso, inevitablemente se considera inferior en comparación con los adultos que lo rodean. Por cierto, él experimentó todo esto personalmente desde su propia experiencia en la infancia.

De hecho, un niño no tiene suficiente experiencia para formarse una imagen precisa de sí mismo. Por lo tanto, en su evaluación, se centran en la opinión y la reacción de los adultos. Es por eso que una educación adecuada es la base para una persona exitosa y próspera.

Hablando de confianza, vale la pena dividir este concepto en varios sentimientos y condiciones interconectadas. A menudo estos conceptos se confunden, privando así a una persona de la oportunidad de elegir métodos adecuados de desarrollo.

Autoconfianza

A cierta edad, la autoconfianza es necesaria para que una persona pueda determinar los límites de sus capacidades. El comportamiento seguro de sí mismo puede dar éxito a corto plazo, pero a largo plazo, es la pérdida que desencadena un cambio emocional: «Soy una porquería». ¿Cuántas personas se balancean en este péndulo diariamente? De acuerdo con mis observaciones, hay muchas de estas personas en el ambiente creativo.

La autoconfianza es un reconocimiento de la ausencia de desventajas de una persona y una exageración de sus propias capacidades. Obliga a una persona a tomar riesgos injustificados, a asumir tareas que naturalmente no podría realizar. También declara públicamente esto a todo el mundo. Siempre observo con interés las entrevistas y conferencias de prensa de los boxeadores antes de que peleen. Algunos de ellos simplemente desbordan autoconfianza. Y después de perder, ¡su decepción y declive emocional es pronunciado! En la base de la autoconfianza, por supuesto, se encuentra un profundo sentido de incertidumbre, que se formó en una persona en la infancia.

Si la madre, durante el primer año, se comprometió con el niño solo por necesidad (y en este caso, el desarrollo de la habilidad de caminar del niño significa el fin de la infancia) esto puede impactarles enormemente. A medida que el niño comienza a gatear y a no estar en reposo durante un minuto, metiendo la nariz por todas partes, los castigos se vuelven más severos y frecuentes. Y los moretones y lesiones espontáneas se producen con mayor frecuencia. Si la sensación de rechazo no se suaviza durante el segundo año de vida, el niño concluye: «Algo está mal en mí». En esta situación, el desarrollo del "adulto interior" se ve obstaculizado.

En resumen, podemos decir que la autoconfianza sirve como compensación por los fracasos del pasado o por la baja autoestima o actúa como un medio de protección contra el sentimiento de vulnerabilidad.

Si la evaluación de las capacidades personales de uno es incorrecta, entonces las decisiones —y como resultado, las acciones humanas— pueden conducir a la derrota, lo que puede disminuir la autoestima. A la inversa, si la evaluación se realiza correctamente, aumentan las probabilidades de éxito y la autoestima.

En otras palabras, la autoestima es un proceso constante de comparación de uno mismo y de sus acciones con algún tipo de ideal interno (estándar), así como un buen contacto con la realidad interna y externa. Este ideal puede existir realmente y ser a la vez un producto de la fantasía. La autoestima es la categoría más vulnerable y protegida. Mucha gente se contenta con cerrarla, como esconder joyas en la caja fuerte de un banco. ¿Pero esto resuelve el problema? Desafortunadamente, solo parcialmente. Siempre se puede encontrar a alguien que, con una palanca, "rompa la caja fuerte" y pisotee sus objetos de valor.

Alcancía de confianza

Los registros de los problemas que guarda el "niño interior" no pueden ser borrados por una decisión volitiva. Lo que se puede hacer es empezar a acumular registros que determinen los resultados favorables de nuestras acciones.

Acumulando experiencias positivas, formamos un estado de autoconfianza sostenida. Imagínese esto en la forma de una alcancía. Esta condición necesita una confirmación y un éxito constantes. Gota a gota, construya su potencial de confianza. El punto final en el desarrollo de la confianza es la autoestima, o "autoestima invulnerable", que ya no necesita confirmación y no requiere la aprobación de los demás. Esta es una "cantidad a prueba de fuego" que está con usted por el resto de su vida y que nunca puede ser gastada bajo ninguna circunstancia. La autoconfianza es una condición necesaria para la felicidad y el éxito.

La autoestima está ligada a indicadores específicos, con los que se hace una comparación. La experiencia positiva para aumentar la autoconfianza se forma en cuatro áreas principales de la vida, que se define como "un modelo equilibrado de desarrollo humano". Estas son:

1. El cuerpo.
2. Las actividades.
3. Contactos (familia, amigos).
4. El mundo interior (sentidos, fantasías, futuro).

Cada una de estas cuatro áreas es un pilar vital que añade o quita confianza.

¿Qué es la confianza que proviene del cuerpo? Salud, atractivo, nutrición, placeres físicos, reconocimiento de los demás, fuerza, resistencia.

¿Qué es la confianza que proviene de las actividades? Resultados de la actividad, negocio favorito, dinero, carrera, estatus, reconocimiento, éxito, logros.

¿Qué es la confianza que proviene de los contactos? Amor, cuidado, atención de los parientes y amigos, pasar tiempo juntos, reponer la familia, tradiciones.

¿Qué es la confianza que proviene del mundo interior (sentidos, fantasías, futuro)? Pensamientos positivos sobre el futuro, libertad interior, sueños, espiritualidad y fuerza de la mente, crecimiento personal, creencias, religión y principios.

La inversión en su confianza

Cada uno de nosotros es un inversor. Aunque no haya dinero, todos invierten su tiempo y atención en algo. Incluso viendo la televisión, hacemos una especie de inversión. Si invertimos nuestro tiempo y atención en cada una de estas áreas, el resultado son soportes fiables que añaden energía, el deseo de vivir y seguir adelante. Incluso si se produce una crisis en uno de los pilares, somos capaces de salir de ella con seguridad a expensas de otros pilares.

Tarea: Pilares de autoconfianza

Tome el 100% de la cantidad total de su energía y atención. Ahora distribuya este porcentaje en las cuatro áreas mencionadas, basado en cómo vive ahora. Si en una de las áreas obtiene el 10% o menos, esto debería servirle de alarma. Esta es una zona de riesgo, con problemas que pueden llevar a una disminución de su autoconfianza general. En este caso, tome una decisión específica que aumente el porcentaje y restaure el equilibrio.

De la autoestima a la autovaloración

> "Un diamante que ha caído en el barro sigue siendo un diamante, y el polvo que ha subido al cielo sigue siendo polvo". - Proverbio chino.

El nivel más alto de confianza es la autoestima. A diferencia de la confianza o la autoestima, la autoestima no necesita pruebas. La autoestima es una posición, no un sentimiento. La autoestima es un sentimiento estable propio, sin importar las circunstancias negativas que ocurran con una persona. Por regla general, las personas con autoestima estable perciben a otras personas de la misma manera. En el corazón de la autoestima se encuentra el concepto de "valor". El valor como característica de un objeto, lo que significa el reconocimiento de su importancia.

La importancia y la utilidad no son inherentes a ellas por naturaleza, sino que son evaluaciones subjetivas de propiedades específicas. Por ejemplo, un billete de 100 dólares puede ser un papel común para un residente de algunas tribus africanas. O el mensaje que le llegó por error por correo electrónico, que usted borró, lleva información crucial para otra persona.

Mi buena amiga y colega Tatiana realizó un entrenamiento sobre el valor intrínseco, en el que pedí a una pareja de clientes que participaran. En este entrenamiento, ella compartió sus hallazgos, y esto me condujo a toda una capa de conciencia y decisiones, basadas en lo que le daba valor a la gente:

1. La comunicación con los padres.

2. Las asociaciones.

3. Amistades estrechas.

4. Comunicación con el "clan".

5. Negocio favorito.

6. La naturaleza.

7. Maternidad/paternidad.

8. Misión.

9. Creencia en algo (por ejemplo, la religión).

Estas fuentes añaden significado a la vida y proporcionan una sensación de autoestima y bienestar. Cada una de estas fuentes refleja un valor interno, al contacto con el cual la persona se llena de energía y de calma interior. Al establecer contacto con cada una de estas fuentes, mantenemos nuestra autoestima en una posición estable y fiable. Estoy seguro de que cada uno de nosotros tiene contacto con cada una de estas fuentes. En este caso, la calidad de este contacto es importante. Tal vez, para un flujo completo de poder y energía, necesitamos sacar las piedras con las que estas fuentes están llenas. Llamo "piedras" a nuestras creencias, resentimientos, ira, miedos, y mucho más.

Asignación: Declaración de autoestima

Estudiando el tema del valor intrínseco, me encontré con un estudio de la famosa psicoterapeuta americana Virginia Satir. Esta declaración forma su percepción de usted y aumenta la autoconfianza. Esto debe hacerse regularmente, preferiblemente cada mañana. Daré solo un extracto de esta declaración, pero, en mi opinión, ya puede añadir este estado de autoestima interior a su vida.

> Yo soy yo. En todo el mundo no hay nadie más exactamente como yo. Todo lo que sale de mí es auténticamente mío... Soy dueño de mis fantasías, mis sueños, mis esperanzas, mis miedos... Soy dueño de todos mis triunfos y éxitos, todos mis fracasos y errores... Puedo ver, oír, sentir, pensar, decir y hacer. Tengo las herramientas para sobrevivir, para estar cerca de los demás, para ser productivo, y para dar sentido y orden al mundo de las personas y las cosas fuera de mí - Soy dueño de mí, y por lo tanto puedo ingeniarme - Soy yo y estoy bien. (Satir, 1975)

Tarea: Aumentar la autoestima

Ponga una puntuación delante de cada fuente de autoestima, donde uno es el indicador mínimo y diez el máximo. Esto es para mostrar el nivel de su contacto con cada fuente:

1. Comunicación con los padres.

2. Asociaciones.

3. Amistades estrechas.

4. Comunicación con el "clan".

5. Negocio favorito.

6. La naturaleza.

7. Maternidad/paternidad.

8. Misión.

9. Creencia en algo (por ejemplo, la religión).

Después de la autoevaluación, tome una decisión sobre las fuentes con las que ha establecido la puntuación más baja. Identifique las acciones específicas que tomará para aumentar el contacto con un valor en particular.

Para resumir:

1. ¿Qué fuentes de autoestima y autoconfianza necesita desarrollar?

2. ¿Cómo y cuándo comenzará a hacerlo?

3. ¿Cuál será su primer paso para desarrollar su autoconfianza y autoestima?

4. ¿Cuáles son los beneficios de desarrollar la confianza?

Capítulo 9: Anatomía de la risa - Cómo desarrollar el sentido del humor

El buen sentido del humor siempre ha sido apreciado en la sociedad. El humor une a las personas, alivia la tensión en la comunicación, y da al dueño del buen humor la fuerza para superar las dificultades. A veces me parece que soy el dueño de este sentimiento, pero hay veces en que siento que me ha abandonado. Pero una cosa sí sé con certeza: cuando lo experimento, la vida se vuelve más fácil e interesante.

La empresa de investigación Ipsos-Reid entrevistó a residentes de diez países para averiguar qué cualidades consideran más importantes entre miembros del sexo opuesto. Para los residentes de la mayoría de los países encuestados, lo más importante que buscaron en un representante del sexo opuesto es el sentido del humor.

En mi experiencia, una situación en particular me hizo pensar en la importancia de este sentimiento en la vida. Me di cuenta de la gran demanda de humor en el entretenimiento ahora. Los programas de humor tienen los mayores índices de audiencia en la radio y la televisión. Los conciertos de comediantes reúnen a la audiencia en salas igual de grandes que las estrellas del hip-hop. La gente, como las mariposas, vuela hacia la luz: van a por las emociones positivas. Y por esto, están dispuestos a pagar dinero. El humor se ha convertido en una mercancía que se vende bien. Normalmente, la gente compra lo que se necesita y lo que falta. La demanda de humor es siempre alta, especialmente en tiempos difíciles, y es un medio de nutrición emocional.

El sentido del humor es la capacidad de relacionarse con lo que está pasando con facilidad, hacer comentarios humorísticos o comportarse de forma divertida en algunas situaciones. El humor ayuda a encontrar rarezas en el entorno, a disfrutarlas y a adaptarse mejor a la vida.

El comediante Jim Carrey dijo: "Steve Jobs era una persona increíble. ¡Vivirá en mi disco duro para siempre!".

La habilidad inherente de detectar errores e inconsistencias y de enfocarse en encontrar cosas ridículas y divertidas en el entorno cotidiano, es la base del sentido del humor. Mire a su alrededor, y con un gran deseo, puede encontrar tales inconsistencias. Por ejemplo, usted está leyendo este libro ahora, a pesar de que debe hacer un trabajo importante en este momento. Es curioso, ¿no?

La risa es una reacción innata. Un bebé recién nacido ya en el tercer mes de vida comienza a sonreír. El significado biológico de la sonrisa y la risa es informar a los padres que su hijo está lleno, sano y satisfecho. Existe la opinión de que según la risa de una persona, se puede determinar quién está delante de uno. Una risa abierta y fuerte es inherente a una personalidad segura, abierta y fuerte. Una risa contenida habla de la incertidumbre de una persona o de sus miedos ocultos. Por lo tanto, si todo está bien para usted, nada impide su risa abierta y fuerte.

Siete funciones del humor

En la antigüedad, los pescadores llevaban al mar a bromistas, comediantes y compositores. Se les daba la misma cuota que a todos los pescadores, aunque no pescaban. Entretenían a los pescadores en su difícil, peligrosa, monótona y mentalmente estresante vida en un barco apretado y así evitaban las peleas e incluso las enfermedades mentales. A estas personas se les llamaba "hombres festivos".

Función número 1 - El humor como una forma de mejorar la salud. La risa aumenta el nivel de energía en el cuerpo y así cura a una persona. No es de extrañar que digan que un minuto de risa añade cinco minutos de vida. El "cuerpo riéndose" activa unos 80 músculos. Aparte de eso, la risa:

- Aumenta el flujo de oxígeno al cerebro.
- Reduce el dolor físico.
- Reduce la presión sanguínea.
- Fortalece el sistema inmunológico.
- Entrena el corazón.
- Ventila los pulmones.

Función número 2 - El humor como defensa psicológica. La capacidad de reírse de sí mismo es un indicador de la salud mental de una persona. La mayoría de los fanáticos y terroristas son personas muy serias. Tal "seriedad" se convierte en intolerancia y odio hacia las personas que los rodean, y como resultado, hacia uno mismo.

Función número 3 - El humor como forma de ataque psicológico. En las discusiones o negociaciones, podemos, con la ayuda del humor, desvalorizar los astutos argumentos de un oponente, si los argumentos lógicos son impotentes.

La risa inflige golpes dolorosos a un enemigo, y hace que pierda la confianza en sus capacidades y, en cualquier caso, hace que la impotencia del enemigo sea evidente... El sarcasmo es humillar al enemigo convirtiendo lo que considera serio en insignificante.

Función número 4 - El humor como una forma de hacer frente a las dificultades de la vida. Primero, hay que distanciarse de la situación y ver su lado divertido. La capacidad de relacionarse con uno mismo y con las dificultades de la vida con humor presupone la presencia de otras cualidades importantes, como el optimismo, la confianza, la autocrítica y la creatividad.

Función número 5 - El sentido del humor ayuda a suavizar las situaciones de conflicto. La auto-ironía o la ironía sobre la situación expresada correcta y apropiadamente, ayuda a desactivar la situación. Si hay una oportunidad de experimentar emociones positivas, la gente usa instintivamente esta oportunidad. Por lo tanto, el humor relevante es un gran amortiguador emocional para los conflictos. "Una sonrisa es una curva que se endereza mucho", dijo Marilyn Monroe. Ha habido muchos casos en mi vida en los que el humor ha sido la llave de oro que ha abierto la puerta del corazón de una persona.

Función número 6 - El humor como una forma de construir la confianza. Chistes ingeniosos, humor, buen humor, todo esto puede ayudarnos a establecer relaciones positivas y de confianza con una persona específica e incluso con todo un grupo de personas.

Función número 7 - El humor como una forma de autorregulación emocional. Probablemente la forma más asequible de elevarnos inmediatamente a un estado emocional positivo es la risoterapia. La risa da una sacudida emocional al cuerpo y lo llena de energía. Como resultado, después de cinco minutos de risa, la respiración se profundiza, el cuerpo se enriquece con oxígeno, el ritmo cardíaco se calma, la presión sanguínea disminuye, el cuerpo se libera de la hormona del estrés: la adrenalina. La risa tiene un efecto analgésico: diez minutos de risa son reemplazados por una inyección de morfina.

Tecnología para desarrollar el sentido del humor

El sentido del humor puede y debe ser desarrollado. Algunos creen que es un regalo que la naturaleza ha otorgado a los humanos. Al mismo tiempo, ahora talleres enteros de comediantes están trabajando en la creación de programas humorísticos, para suministrar a los artistas nuevos chistes. Quiero compartir una de estas "tecnologías" con usted:

Paso número 1 - Lo primero que hay que hacer es decidir tratarse a sí mismo sin excesiva seriedad. Busque lo que pueda parecer gracioso en usted. Si está listo, puede obtener esta información de sus amigos o familiares. Pueden ser rasgos de su apariencia o rasgos de su carácter, etc. Cuéntele a otras personas historias cómicas de su vida. No tenga miedo de reírse de sí mismo. Esto le hará emocionalmente invulnerable.

Paso número 2 - Necesita aumentar su vocabulario. Leyendo libros, escuchando discursos, conferencias, participando en entrenamientos, aumentará significativamente su vocabulario. Intente introducir nuevas palabras en su discurso, como resultado de lo cual su humor se volverá más refinado, preciso y hermoso.

Paso número 3 - Desarrolle el pensamiento asociativo. Elija cualquier objeto que le llame la atención, y empiece a escribir las asociaciones que le vienen a la mente. Trate de llevar su pensamiento asociativo al punto de que las palabras salgan fácilmente y sin mucho esfuerzo.

Paso número 4 - Trate de encontrar las inconsistencias en el mundo y enfatizarlas. Por ejemplo, ver cómo brilla el sol, pero hacer frío; usted fue al campo a descansar mientras trabajaba allí como manitas; o el funcionario recibe un pequeño salario mientras conduce un coche caro.

Paso número 5 - La broma debe ser entendida.

Para ello, espíe las técnicas exitosas de comediantes famosos, intente varias combinaciones, juegue con la voz, pausas, casting, entonación, jerga, etc., porque el chiste más ingenioso entregado mal y en el momento equivocado, puede ser percibido como un comentario soso.

Para resumir el entrenamiento:

1. ¿Qué función del humor resultó ser la más valiosa para usted y por qué?

2. ¿Cómo puede afectar a su vida el uso de la información recibida?

3. ¿Cuál de los pasos para desarrollar el humor le resultará más fácil? ¿Y qué esfuerzos adicionales tendrá que hacer?

4. Dé diez ejemplos de inconsistencias que observe en el mundo y que puedan ser traducidas al humor.

Capítulo 10: Dolor - El antídoto para la depresión

"Si la tristeza ha llegado a ti, la anciana de negro, no la alejes. Ponla a tu lado y escucha lo que te quiere decir". - Carl Jung.

La emoción de la tristeza, los sentimientos y condiciones relacionados son muy relevantes para muchas personas. La abundancia de información, un ritmo de vida acelerado y una carrera constante, la comida rápida y las relaciones "de solo una vez", todo esto afecta a nuestro bienestar emocional. Habiendo prestado suficiente atención a esta emoción y entendiendo su mecánica, usted puede aprender a liberar el gran potencial de energía inherente a ella.

El malestar emocional se suprime con varios estupefacientes, lo cual se ha convertido en parte de muchas culturas. Al mismo tiempo, el título de "Psicólogo del Año" es nuevamente ganado por "¡El vodka!". No es una perspectiva brillante, ¿verdad?

La Organización Mundial de la Salud (OMS) compara la depresión con una epidemia que se ha extendido por toda la humanidad: es uno de los trastornos mentales más comunes —más de 350 millones de personas de todas las edades la padecen. La mitad de las personas que sufren de depresión no buscan ayuda médica, y de la mitad restante, solo el 25-30% va a ver a un psicoterapeuta. En algunos países, el número de los que no buscan atención médica se acerca al 90%.

Entre el 45% y el 60% de todos los suicidios del planeta son cometidos por pacientes con depresión. Según las previsiones, en 2020, la depresión se convertirá en el asesino número uno. Además, la emoción de la tristeza sirve como un poderoso acumulador de energía emocional. La tristeza, como una cuerda de arco, puede tirar de nuestra intención, y más tarde disparar un vertiginoso ascenso y éxito.

En mi experiencia, durante el entrenamiento o las consultas individuales, los clientes no presentan inmediatamente el tema de la tristeza o la depresión. En la sociedad, se acostumbra a silenciar tales problemas emocionales. Una chica me dijo que de todos los sentimientos que experimenta a lo largo del día, la tristeza ocupa alrededor del 50% del tiempo. Este es un porcentaje muy grande. Al mismo tiempo, dice que para ella, es una condición normal y no se imagina cómo podría ser de otra manera. Como resultado de trabajar con la tristeza, esta chica aprendió a manejar la gran energía que hay detrás de ella. Resultó ser una poetisa muy talentosa y dirigió todo su potencial a la creatividad publicando varias colecciones de poemas.

Celebridades que han experimentado tristeza y depresión:

• Winston Churchill. El famoso Primer Ministro británico de la Segunda Guerra Mundial fue perseguido toda su vida por el "perro negro" —depresión severa. El hecho es que Churchill le dio un apodo a su tristeza. Dice que la depresión fue la "compañera" de su vida.

• JK Rowling. La autora de las novelas de Harry Potter pensó en el suicidio cuando rompió con su primer marido. Después del divorcio, todos sus pensamientos fueron sobre cómo salir de la pobreza y poner a su hija de pie.

- Hugh Laurie. Recientemente, el actor admitió que sufría de depresión desde la adolescencia y que luchaba constantemente con ella, pero ni siquiera la mostró.
- Jim Carrey. Otro comediante depresivo de nuestra lista. En una entrevista en el programa 60 Minutos, Carrey admitió que durante muchos años se sintió como su héroe de la película "La máscara". En el plató, hacía muecas y muecas, y cuando volvía a casa, tragaba antidepresivos por su constante anhelo. Sin embargo, poco después de su visita a un psicoterapeuta, Carrey admitió que "los problemas deben ser resueltos, no lavados con píldoras", hizo deporte e incluso prometió escribir un libro sobre su lucha contra la depresión.

El papel de "víctima": la tristeza como estilo de vida

Nuestro sufrimiento no es más que nuestra propia costumbre de sufrir. Para algunos, se desarrolla en mayor medida; para otros, en menor medida. Para algunas personas el "sufrimiento" es un estilo de vida; para otras, es una forma de sobrevivir a otra crisis.

Mi experiencia: en consulta con uno de mis clientes, me encontré con el hecho de que no quería asumir la responsabilidad de su vida y sus resultados. Constantemente encontraba razones por las que todos los que le rodeaban tenían la culpa de sus problemas y fracasos. Cuando lo apoyé, la situación empeoró aún más. Por lo tanto, decidí cambiar la estrategia y enfrentarlo más en materia de responsabilidad. Esto trajo resultados positivos. Logramos llegar a la posición interior de "víctima", que se origina en la infancia. El propio cliente se sorprendió al darse cuenta de las razones de su comportamiento.

Responda a la pregunta: "¿Juega con el papel de «víctima» de la infancia?".

Constantemente se prueba a sí mismo para el papel de víctima. ¿Se siente a menudo como una "víctima"? ¿Tiene la sensación de que se siente injustamente ofendido o privado? ¿Quizás piensa que nació de los padres equivocados, en el país equivocado, o incluso en el momento equivocado? Una persona con la filosofía de víctima ha estado recogiendo pruebas de esto desde la infancia. En un momento dado, yo mismo fui un coleccionista. Mi infancia, como la de muchos niños que sobrevivieron al colapso de la Unión Soviética, transcurrió en un modo de supervivencia.

La tristeza como recurso

Como señalan los científicos C. Costello y C. Izard:

> "La tristeza, ralentizando el ritmo general de la vida de una persona, le da la oportunidad de "mirar hacia atrás". La desaceleración de los procesos mentales y corporales que acompañan a la emoción de la tristeza le permite echar un nuevo vistazo al mundo, verlo de forma diferente, y establecer otras prioridades en su vida, lo que es difícil de hacer en las condiciones de la rutina diaria. Esta nueva perspectiva puede exacerbar la tristeza, pero también puede refrescar la perspectiva de las cosas, lo que nos permitirá entender lo que no hemos pensado antes".

Desde este punto de vista, la tristeza puede ser muy útil. Por supuesto, muchas personas no están muy contentas de experimentar esta emoción. Puede aparecer repentinamente, junto con algunos recuerdos de algo que no puede ser cambiado. Sin embargo, también hay una tristeza brillante y agradable. Me gusta especialmente experimentarla en el otoño, cuando la actividad de la naturaleza se ralentiza y, al detenerse, cosecha los frutos de su rápido desarrollo. Al entrar en resonancia con la naturaleza, uno puede experimentar un profundo contacto con sus propios valores, refrescando así su percepción del presente y del futuro.

Tres soluciones que pueden aliviar permanentemente la tristeza crónica

Cada día, tomamos miles de decisiones. Algunas decisiones nos hacen pensar y recurrir al análisis; otras se toman de forma rápida o espontánea. Hay soluciones que nos benefician y otras que nos perjudican. Le propongo que tome estas tres decisiones ahora mismo que le salvará permanentemente de la tristeza crónica:

Decisión número 1 - Dígase a sí mismo: "¡La tristeza en la que estoy ahora es temporal!". Las personas exitosas ven los problemas como algo temporal, mientras que los perdedores creen que no habrá fin a sus fracasos y penas. En el anillo del sabio rey Salomón estaba escrito "Y esto pasará...", lo que significa que todo en este mundo es temporal. Es muy importante entender esto porque es gracias a esto que tiene un recurso de esperanza, paciencia y aceptación que le dará fuerza durante los períodos de tristeza.

Decisión número 2 - Este sentimiento tiene una razón; de lo contrario no habría llegado. Estas causas son vulnerabilidades en nuestra psique. Nos dicen a qué debemos prestar atención, ya que la fuerza de toda la cadena está determinada por la fuerza del eslabón más débil. Si la situación se repite de vez en cuando, esto indica "creencias nocivas" que alguna vez jugaron un papel importante para nosotros en el pasado, pero que ahora nos impiden avanzar hacia nuestro éxito y felicidad.

Decisión número 3 - La tristeza vino para que yo pudiera cambiar mi vida para mejor. Para cambiar el comportamiento de una persona en una situación determinada, es necesario darle un significado y una importancia diferente. En particular, para desarrollar la estabilidad emocional durante una situación estresante, es necesario reducir el significado de esta situación. También es útil tener una "interpretación positiva" de la situación. Por ejemplo, por la mañana, un amigo mío descubrió su coche sin ruedas. El primer pensamiento que se le ocurrió después de un segundo de sorpresa fue: "¡Gracias por robar las viejas ruedas que probablemente me habrían matado!".

Para resumir:

1. ¿Qué porcentaje del total de su estado emocional durante una semana es tristeza?

2. ¿Cuál es la razón principal de su tristeza?

3. ¿Qué es lo que desencadena su tristeza?

4. ¿Cuál es la creencia detrás de su tristeza?

5. ¿Qué medidas piensa tomar para reducir el nivel de tristeza en su vida?

Capítulo 11: Inspiración - ¿Dónde está el botón de "Inicio" de su entusiasmo?

"Puedes hacer cualquier cosa si tienes entusiasmo". - Henry Ford.

Todo el mundo tiene situaciones en las que hay que trabajar, pero la inspiración no llega. A veces, sin embargo, la falta de inspiración justifica la inacción de uno, ¿verdad? Sin inspiración, ¡¿por qué esforzarse entonces?! En tales casos, es útil tener a mano el "botón de inicio", que garantiza el inicio de la acción. Si el resultado es necesario, cada uno comienza a recurrir a sus propios y probados —pero no siempre útiles— medios para iniciar la inspiración. Como dijo Alexander Pushkin, "La inspiración es la capacidad de ponerse en condiciones de trabajar".

No importa lo que haya logrado la inspiración —puede ser cocinar la cena o pintar una valla, crear un cuadro o escribir un informe— si el trabajo se hace con inspiración, se siente y se refleja positivamente en la calidad de su ejecución.

Según los datos proporcionados por la revista Business en 2012, el promedio de empleados entusiastas (75%) demuestra el mayor entusiasmo en los primeros meses de trabajo en la empresa. Pero después de tres meses, esta cifra disminuye en un 15%. En otras palabras, después de tres meses de trabajo, el empleado muestra claros signos de decepción. Suelen llegar a un punto crítico después de tres años, cuando pierden en promedio hasta el 19% de su entusiasmo anterior. En este momento, el nivel de su implicación se reduce al 56%, y el empleado está listo para irse y buscar un nuevo trabajo.

Aproximadamente, la misma situación ocurre con el aumento de los salarios. Estudios de la teoría de la motivación de Frederic Herzberg han demostrado que los salarios más altos aumentan el entusiasmo por el trabajo durante un período de tres a cinco meses. En el futuro, el empleado se acostumbra a su nuevo nivel de ingresos, y esto deja de influir en su participación y motivación.

Además de mi práctica en el campo de la Inteligencia Emocional, he estado trabajando como entrenador de negocios para ventas y servicios en varias organizaciones durante mucho tiempo. En mi experiencia, una característica de muchos vendedores es un bajo nivel de entusiasmo por el trabajo. Es decir, durante los primeros seis meses se "queman", y luego pasa algo. La indiferencia ante los resultados, y la fatiga por la comunicación con los clientes, todo esto se observa en la mayoría de los vendedores. Después del entrenamiento, la situación suele cambiar, y ellos "cavan el suelo con su pezuña" de nuevo y quieren correr hacia los clientes rápidamente. Con el tiempo, incluso las solicitudes hacia mí cambiaron a: "¡Sacúdelos bien!" o "¡Inspira el deseo de trabajar en ellos!". No soy mago, pero estoy seguro de que la inspiración de los participantes en mi entrenamiento es una de las razones por las que los entrenadores de empresas aman su trabajo.

Naturaleza de la inspiración

Inicialmente, la palabra "entusiasmo" denotaba la condición de una persona poseída por una deidad o bajo su influencia. De hecho, es muy probable que en un estado de inspiración, nos "obsesionemos" con algún tipo de idea o proceso. Se trata de un surgimiento mental, con creatividad y entusiasmo laboral, que se manifiesta en la movilización final de todas las fuerzas espirituales y físicas.

Sigmund Freud dijo: "Cuando la inspiración no me llega, voy a la mitad del camino para encontrarla".

Según mis observaciones, la gente con buena organización mental tiene un flujo frecuente de inspiración. Un período de concentración reemplaza un estado de impotencia. A menudo veo personas de apariencia creativa, caminando solas en un parque y pateando inútilmente hojas en el suelo o alimentando cisnes en un lago. El entusiasmo puede abrazarlos en cualquier momento, en cualquier lugar, o tal vez no venir durante meses.

Con inspiración, usted puede realizar cualquier trabajo, tanto creativo como físico. Si el trabajo se hace con inspiración, la "respiración" se sentirá en todas partes. El concepto mismo de inspiración está muy asociado con la respiración: inhalar-exhalar-inhalar-exhalar.

Inhalar: recibimos energía; exhalar: la soltamos. De ahí los derivados: inspirado y agotado. Preste atención a su respiración en estado de inspiración. Prácticamente usted no respira, y los pulmones estallan de placer. El oxígeno es el combustible para la inspiración a nivel corporal.

En la filosofía china, "respiración" también significa "energía", el nombre general de "Chi". Es una fuerza vital que impregna y une todo lo que existe. El Chi nos llena a cada uno de nosotros; hace que nuestra sangre corra por las venas, hace que nuestros pechos respiren, y gracias a él, todos los fenómenos de la naturaleza ocurren.

Además de saturar el cuerpo con oxígeno, también se necesita una sensación de inspiración y la orientación mental correcta. El sentimiento que subyace a la inspiración es el interés, y la orientación mental establece un objetivo o valor importante. La combinación de los tres componentes da un acorde de energía especial, que se llama "entusiasmo" o "inspiración".

Diez detonantes - Asesinos de la inspiración

Ya que estamos hablando de energías espirituales sutiles, cualquier estímulo externo o interno puede derribar estas sensibles ondas alfa, y en su lugar vendrá la apatía, la irritación, el aburrimiento, etc.

En mi experiencia, uno de mis clientes se quejó de que durante el período en que necesitaba escribir una tesis de doctorado, su vecino estaba entrenando como boxeador. Los sonidos de los sacos de boxeo lo volvían loco y no podía concentrarse en el trabajo. Además, solo podía trabajar en casa, y el vecino no entraba en ninguna negociación. La aparentemente desesperada situación se resolvió de forma muy simple. Identificamos diez lugares adecuados para trabajar y nos turnamos para experimentar. Como resultado, el lugar más productivo para él fue un café subterráneo en la ciudad. Ahora, es su lugar favorito para la creatividad.

Asesino número 1 - Situaciones con el balance de "Tomar-Dar". Esto es cuando usted no recibe golpes emocionales o reconocimiento de la gente para la que lo intentó.

Asesino número 2 - Situaciones en las que trabaja o realiza acciones que no reflejan sus valores y aspiraciones interiores. En este caso, usted se da cuenta de que no vive su vida o hace su trabajo de la manera que quiere.

Asesino número 3 - Situaciones en las que está constantemente absorto en su trabajo, sin cambiar a otras áreas de la vida. En este caso, hay un agotamiento emocional, saciedad, e incluso aversión al trabajo.

Asesino número 4 - Cualquier situación que le desequilibre. Cuando experimenta sentimientos como envidia, celos, miedo, culpa, etc. Estos son embudos que absorben su energía emocional.

Asesino número 5 - Situaciones en las que está en un estado de "víctima". Aquí, usted siente su vulnerabilidad y la incapacidad de influir en los acontecimientos.

Asesino número 6 - Situaciones incompletas, asuntos pendientes, reduciendo significativamente el entusiasmo. Lo incompleto atrae sobre sí mismo energía que podría ser utilizada aquí y ahora.

Asesino número 7 - Hace promesas imposibles y asume demasiada responsabilidad. Puede tomar una decisión apresurada, y luego sentir una disminución de la fuerza emocional.

Asesino número 8 - Miedo a la crítica. El constante temor de que alguien evalúe negativamente su resultado.

Asesino número 9 - Incapacidad de obtener satisfacción del resultado. La satisfacción es una recompensa emocional por el logro. Es un poderoso motivador interno para la acción y el logro de objetivos.

Asesino número 10 - Varios fracasos seguidos que reducen el nivel de autoestima, y, en consecuencia, el entusiasmo cae rápidamente. Los constantes fracasos sin extraer una lección de ellos presionan a una persona y la llevan a un estado de desesperanza.

Como puede ver, diez asesinos desencadenan la "caza" de nuestro entusiasmo, haciendo vulnerable a este estado. No es de extrañar que raramente lo experimentemos. Con el fin de protegerlo, le aconsejo adherirse a las siguientes recomendaciones:

Tecnología de lanzamiento entusiasta

Una vez, cuando era estudiante, trabajé como cargador en un almacén de cosméticos. Era un trabajo nocturno, y mis deberes incluían las órdenes de embalaje. Después de varios meses de trabajo monótono, y sobre todo en los períodos pre-vacacionales, cuando había especialmente muchos pedidos, inventé mi propia manera de mantener el entusiasmo. De las órdenes, formé ciudades fortaleza enteras en el suelo. Cada paquete era un edificio de ladrillos. Y por la mañana, cuando los representantes de ventas venían a recoger su pedido, esperaban una nueva sorpresa. Decían que ni siquiera querían desmontar estos trabajos de diseño.

Paso número 1 - Cambiar la situación por un tiempo. Los nuevos lugares dan lugar a nuevas impresiones, nuevos pensamientos, que aumentan la inspiración y el entusiasmo por el trabajo.

Paso número 2 - Respirar profundamente durante diez minutos, lo que ayudará a saturar el cuerpo con oxígeno.

Paso número 3 - Conectar mentalmente el próximo trabajo con sus objetivos y valores de vida. Encuentre el significado de cada uno de sus asuntos. Un pasatiempo sin rumbo descarga las baterías de su entusiasmo. Es útil tener un conjunto de desencadenantes que le permitan desencadenar la emoción necesaria.

Paso número 4 - Piense en qué elemento de creatividad puede aportar al próximo trabajo. En cada tarea aparentemente rutinaria, puede encontrar algo inusual que causará una emoción de interés. Al estimular la sensación de interés, usted influye en su inspiración.

Paso número 5 - Empiece cualquier negocio con gratitud por la oportunidad de ser útil a alguien y realizarse a sí mismo. Cuando va más allá de su ego en su trabajo, tiene energía adicional.

En resumen:

1. ¿Con qué frecuencia se sientes entusiasmado?

2. ¿Cuál de los asesinos detona las presas de su entusiasmo?

3. ¿Qué puede desencadenar su entusiasmo?

4. ¿Bajo qué circunstancias suele producirse el entusiasmo en usted?

5. ¿Qué beneficio le da el entusiasmo, y qué cambiaría si tuviera más?

6. ¿Cuál de las recomendaciones propuestas quiso implementar inmediatamente?

Capítulo 12: Infectado con un sentido de culpa

"Cuidado con los que quieren imputarte la culpa, porque anhelan el poder sobre ti". - Vaslav Nijinsky.

La capacidad de sentirse culpable es común a todas las personas. Esta profunda ancla se formó en el proceso de la evolución humana. El miedo central del culpable es el miedo a ser rechazado por la sociedad, a perder todos los beneficios. Como resultado, experimentarían la muerte por hambre física y emocional.

Sentirse "culpable" —un sentimiento de color negativo, cuyo objeto es su acto, el cual, en su opinión, es la causa de las consecuencias negativas para otras personas. La culpa es el precio que pagamos por violar ciertas normas de conducta o creencias. Mientras nuestro comportamiento esté más allá de estas normas, la culpa no dejará de perseguirnos los talones. Este programa está incrustado en el ADN social de nuestra sociedad y se transmite de generación en generación.

De acuerdo con analistas británicos: casi todas las mujeres, es decir el 96%, se sienten culpables todos los días. Casi el 80% de los adultos que han intentado suicidarse sufren de culpa crónica o vergüenza. El 25% de los niños de tres a catorce años se "castigan" por masturbarse o por el hecho de que en sus pensamientos querían que alguien muriera. El diez por ciento de las personas pueden hacer frente de forma independiente a sus sentimientos de culpa, el 90% restante los suprime o recurre a la ayuda de un sacerdote o un psicoterapeuta.

En mi experiencia, el tema de la culpa es una petición incluida en el top-ten de peticiones que la gente hace cuando trabaja en una sesión de entrenamiento o en consultas individuales sobre el manejo de las emociones. Y no siempre es el tema que es inmediatamente obvio. En una de estas consultas, el cliente se quejó de frecuentes episodios de ansiedad inexplicable. Dijo que aparecía de repente y luego también desaparecía de la misma forma. Cuando empezamos a explorar este tema, resultó que se sentía culpable de cómo gastaba su tiempo. Resulta que en la infancia, su padre lo avergonzaba constantemente por su holgazanería. Según el padre, el hijo tenía que hacer algo útil constantemente. Posteriormente, este programa de activación formó la base de su escenario de vida. Y ahora, en esos períodos en los que no está ocupado con nada, la voz del pasado le da un sentimiento de culpa, que se manifiesta en forma de ansiedad repentina.

La acusación tiene un efecto emocional tan fuerte que es muy difícil resistirse a ella manteniendo el equilibrio interno. El tono acusador da lugar a la culpa, el miedo o la ira en otra persona. Por lo tanto, al darse cuenta de esta fuerte influencia, muchas personas la utilizan para lograr sus objetivos. Por ejemplo, la abuela culpa a la madre, luego la madre culpa al padre, luego el padre culpa al hijo, luego el hijo culpa al amigo, y así hasta el infinito.

Los sentimientos de culpa se imponen a una persona desde la infancia. Los padres a menudo avergüenzan o regañan al niño por no comer gachas, por platos rotos o por un juguete roto. Constantemente avergonzando y castigando al niño, le enseñan a sentirse culpable.

Incluso los animales son capaces de sentirse culpables. Aunque no hay evidencia científica de que algunos animales se sientan realmente culpables, sus expresiones faciales y su comportamiento permiten compararlos con personas que experimentan las mismas emociones. Varias veces vi perros y gatos que se comportaron de manera culpable cuando sus dueños los avergonzaron o regañaron por alguna mala conducta. Pero, ¿se sienten culpables los animales que viven lejos de los humanos? ¿Es la culpa una emoción puramente humana, o es inherente a otros animales? Todavía tenemos que conseguir una respuesta a estas preguntas.

Broma: Un marido que regresa de un viaje de negocios admite a su esposa que ha perdido su anillo de matrimonio.

—No entiendo—la esposa está indignada— ¿cómo puede uno arreglárselas para perder su anillo?

—¡Tú tienes la culpa de esto! ¡Llevo un año diciéndote que mi bolsillo está roto!

Espada de doble filo

La norma interna que guía el comportamiento humano es la conciencia. La conciencia es la necesidad de una persona de ser responsable de sus acciones. La conciencia se basa en la empatía como mecanismo del instinto social para la conservación de la especie. Los mecanismos de freno contra el daño a un miembro de una manada o población existen en muchos animales. En la sociedad humana, debido a la ambigua comprensión del daño, la conciencia está llena de normas morales educadas.

Sentirse culpable es un arma de doble filo. Tan pronto como se siente culpable, en ese mismo momento, ha aprendido a evocarla en otras personas. Y muchas personas han tenido un éxito significativo. Diría que se convirtieron en los dueños del cinturón negro en este tipo de "deporte". Vivir con este sentimiento es insoportable; sin embargo, hay muchos significados en este, y al quitarlo destruiremos la estructura de nuestra sociedad. Si logra deshacerse de este sentimiento, debe saber que esta estructura se derrumbará en primer lugar, porque usted no tiene idea de cuánto significa para usted. La única pregunta es: ¿qué vendrá en su lugar?

Diez formas básicas de culpa

Encontré una interesante escala de formas de culpa con el famoso orador motivacional americano Anthony Robbins. Parecería que, ¿por qué el orador motivacional, que profesa conocer la psicología del éxito, debería recolectar y estudiar este material? Estoy seguro de que la culpa de muchas personas es un obstáculo para el éxito y la felicidad. Los diferentes tipos de culpa son trampas colosales para tomar nuestra energía psíquica. Absorben kilovatios enteros de energía de nuestro reservorio emocional, que podríamos dirigir para lograr resultados. Por lo tanto, en primer lugar, me propongo diagnosticar los tipos de culpa que usted tiene y tomarlos bajo control inicial.

¿Qué tipo de desencadenante emocional activa su culpa?

En esta tarea, necesita determinar, en una escala de diez puntos, cuál tiene cada uno de los diez tipos de culpa. Ponga delante de cada uno un número, donde uno es el valor mínimo y diez el máximo.

1. Padres/hijo. Los padres, a través de la evocación de los sentimientos de culpa, llevan a cabo una labor educativa. Realizada una tarea de una sola manera: «¡eres bueno!» Realizada de otra manera: «¡eres malo!» Un niño idealiza a los padres, por lo que su evaluación es un sentimiento profundo.

2. Niño/Padres. Los niños, incapaces de negociar con sus padres, aprenden a despertar la culpa en ellos para que cumplan sus caprichos. Además, el niño, debido a los sentimientos de culpa, podría pagar las deudas impagas a sus padres toda su vida.

3. Supervisor/Subordinado. Se aplican las mismas leyes que entre padres e hijos. El prototipo del jefe es el "padre imperioso".

4. Profesor/Estudiante. Las mismas leyes se aplican que entre padres e hijos. El prototipo de un profesor es el "padre imperioso".

5. El amor. La manipulación del amor es usada por los compañeros para lograr sus objetivos. "Si me amas, haz... Si no lo haces, entonces no me amas".

6. Legislativo. Hay votos y reglas tácitas en la sociedad. Estos reguladores se componen de normas éticas de conducta y leyes civiles (constitución). Estas reglas prescritas aseguran el funcionamiento de la sociedad. La prisión es un excelente ejemplo de aplicación de la ley.

7. Sexual. El tema sexual en la sociedad es tabú. Solo en los últimos 30 años se levantó el telón del secreto y la gente ha comenzado a tratar de hablar abiertamente sobre ello. Esto se ha formado durante más de mil años y es uno de los criterios que nos distingue de los animales. Muchas personas están tan infectadas con esta culpa que rechazan completamente la intimidad corporal y la sexualidad en sus relaciones.

8. Religioso. El pecado original es una forma de control sobre los creyentes. Usted nació y ya fue culpable ante los ojos de Dios.

> El primer hombre cayó al paraíso, y el pecado se extendió desde ahí, sucesivamente a toda la descendencia, de modo que no hay nadie nacido en carne que se libere de esa carga y no sienta el efecto de una caída en la vida real (Mensaje de los patriarcas de la Iglesia Católica Oriental sobre la fe ortodoxa).

9. Auto-apilamiento. Es una falta ficticia que nos imponemos a nosotros mismos, satisfaciendo el escenario interior. Culpable sin culpa. Somos culpables de estar vivos y bien, de que un pariente muera, de un desastre natural, de un accidente de avión, etc.

10. Existencial. Los grandes sabios de Rishi afirman que todos tenemos obligaciones básicas, un deber con nuestros antepasados, la tierra, nuestros mentores, Dios, todos aquellos que nos han

ayudado alguna vez. Cuando esta deuda queda sin pagar, sufrimos un sentimiento de culpa existencial.

¿Cómo deshacerse de la culpa?

Una participante en uno de mis cursos de formación no pudo perdonarse por la muerte de su madre. Creía que su madre había muerto por su culpa debido a que no le prestaba suficiente atención. Durante la consulta, resultó que su culpa (y el sentimiento de responsabilidad) ¡era una forma especial de orgullo! Diga: «Este mundo gira a mi alrededor, y solo depende de mí quién vive y quién muere».

De hecho, no podemos ser responsables de la elección de otra persona. ¡Solo por las consecuencias de nuestras propias elecciones! La muerte de otra persona, no importa lo extraño que pueda parecer, es el resultado de su elección, aunque sea inconsciente. Si usted pudiera determinar con qué tipo de sentimiento está infectado, por favor acepte mis felicitaciones. Esto ya es un 50% de éxito. La culpa está tan estrechamente fusionada con la estructura de la psique que una persona se comprime con ella y deja de separarla de sí misma. La culpa es un parásito que está en una especie de simbiosis con la psique humana.

El siguiente paso es el proceso de dejar ir la culpa. Usted debe ser capaz de decir adiós a la culpa y atraparla en las primeras etapas en el futuro para que no eche raíces.

Según Irvin Yalom, profesor de psiquiatría de la Universidad de Stanford:

> "La culpa neurótica proviene de crímenes imaginarios (o de una pequeña mala conducta que provoca una reacción desproporcionada) contra otra persona, tabúes antiguos y modernos, o prohibiciones parentales y sociales. La culpa "genuina" es causada por un crimen real en relación con otra persona".

¿Es posible deshacerse de ella de una vez por todas? Creo que es imposible. Este programa (detonante) ya ha estado profundamente arraigado durante muchos miles de años de desarrollo humano. Pero podemos aprender a tiempo a diagnosticar la culpa útil o tóxica (neurótica), así como a manejarla, reduciendo su intensidad e impacto en nosotros.

Paso número 1 - ¿Es realmente culpa suya lo que pasó? Separe las pruebas reales de sus ilusiones. Si no está seguro, describa la situación a las personas en las que confía, averigüe otros puntos de vista.

Paso número 2 - Admita que se sientes culpable. Con gratitud por la valiosa experiencia, reconozca su culpa. La culpa indica una violación de su estándar emocional personal.

Paso número 3 - Evalúe el detonante. Luego evalúe si el estándar violado es digno de ser preservado. ¿Es bueno para usted y para los demás? ¿Qué función cumple? Si esta norma es destructiva y no le es útil, debe abandonarla. Puede analizar qué lo desencadena y qué forma de culpa surge. Luego seleccione un nuevo detonante útil y concéntrese en él. Si es necesario, escríbalo y desplácelo varias veces al día en su cabeza, introduciendo nuevos escenarios de comportamiento. Asuma la responsabilidad de las consecuencias.

Paso número 4 - Si lo que pasó es su culpa, pida perdón. El perdón es un ritual importante para dejar ir la culpa. En la tradición cristiana, incluso existe un "Domingo del Perdón" antes de la Cuaresma. La arrogancia o el miedo ordinario pueden interferir con la petición de perdón. Si estos sentimientos son realmente un problema, soluciónelos usando el entrenamiento mental del punto tres.

Paso número 5 - Separe este sentimiento de usted. Usted es... y ahí está su culpa. Explore este sentimiento: cómo se ve, cómo se refleja en el cuerpo. Este paso le ayudará a distanciarse de él.

Paso número 6 - Determine el valor tocado por la culpa. Cuáles de sus valores se ven afectados por esta situación.

Paso número 7 - Encuentre un lado positivo de la situación para usted. En cualquier acto se encuentra la intención positiva de la persona que comete este acto. ¿Cuál fue su intención positiva en esta situación?

Paso número 8 - Saque conclusiones basadas en la situación actual. Decida no permitir una situación similar en el futuro.

Paso número 9 - Perdónese a sí mismo por este acto. No hay personas ideales, las personas tienden a cometer errores. Esta situación es una importante lección en su vida. El arrepentimiento libera la tensión acumulada y facilita el corazón.

La culpa desaparecerá, pero ¿qué vendrá en su lugar?

La culpa será reemplazada por la responsabilidad personal por las consecuencias de sus acciones.

La responsabilidad es una orientación futura que se basa en las lecciones aprendidas. Es una percepción de sí mismo como una personalidad adulta y holística, que es consciente de la conexión entre sus acciones y los resultados obtenidos, y que acepta fácilmente las consecuencias positivas y negativas de sus acciones.

A veces mis clientes me preguntan qué es una persona madura. En mi opinión, la responsabilidad es uno de los criterios de una persona mentalmente sana y madura. Y la responsabilidad no es solo como un yugo en el cuello, que cansa y le hace infeliz. Al contrario, es útil agradecer la responsabilidad de la confianza depositada y la oportunidad de ser útil y necesario. Esta es una manifestación de tu madurez. Este es un tema de valor y significado. ¿Y cuál es el significado de la responsabilidad para usted?

En resumen:

1. ¿Qué forma de culpa experimenta más a menudo que otras?

2. ¿En qué casos decide causar culpa en otras personas?

3. ¿La culpa que siente es útil o tóxica para usted?

4. ¿Qué es lo que provoca su culpa?

5. ¿Qué cambiaría en su vida si la culpa se reduce?

6. ¿Qué cambiaría en su vida si los sentimientos de culpa se intensifican?

Capítulo 13: Anatomía del sentimiento de resentimiento - La receta para el perdón radical

"En cuanto aprendas a ofenderte, en ese mismo instante, no en el siguiente, sino en ese mismo instante, aprenderás a ofenderte". - Anónimo.

El resentimiento es uno de los tipos de sentimientos con los que "extorsionamos" la atención, el respeto, el cuidado, el remordimiento, etc., del ofensor. Esta es una manera de castigar al delincuente para que cambie su actitud hacia algo, se arrepienta y se dé cuenta de que estaba equivocado.

Mi experiencia: al principio de una relación con mi esposa, ella a menudo resentía mi comportamiento. Sí, y a menudo me di cuenta de que soy duro en las respuestas cuando me atrapan en el momento "inapropiado", aunque nunca tuve un deseo consciente de ofender. Esto nos causó grandes problemas, ya que ella se ofendía a menudo, y yo, considerando que esto no es nada, no siempre le pedía perdón. Ella no veía otra manera de influir en mi comportamiento. En principio, esta es una opción clásica para muchas parejas. Después de varios meses de tales insultos, nos cansamos de ello, y decidimos desarrollar un nuevo modelo de comportamiento. Ella insistió en comunicar inmediatamente sus sentimientos en el momento en que una situación "sensible" se presentaba. Este método sirvió como una maravillosa descarga y redujo al mínimo el número de insultos mutuos.

La palabra "resentimiento" viene de la palabra "engaño", y por lo tanto está estrechamente relacionada con algo como la justicia. Nos ofendemos cuando consideramos que una persona está siendo injusta en el trato que nos da. El alcance de este sentimiento también puede ser diferente. Puede haber un ligero resentimiento momentáneo, o puede haber un resentimiento de por vida.

El resentimiento es un embudo emocional que es adictivo. Nos desplazamos una y otra vez en las situaciones ofensivas de la cabeza. El resentimiento se acumula en el corazón y en algún momento puede convertirse en ira o incluso odio. Y paralelamente, desde la infancia, aprendemos a perdonar, a veces reemplazando el perdón real por el pseudo perdón.

Investigaciones en el campo de la medicina han establecido que nuestro cuerpo responde instantáneamente a un agravio con tensión muscular, y cuanto más fuerte es nuestro estado emocional, más fuerte es el calambre muscular. En primer lugar, el resentimiento da un golpe en la garganta y en el pecho, esta es la confirmación del dicho "sofoca el resentimiento". Con el tiempo, los casos negativos se olvidan, pero dejan una huella en la salud, interrumpiendo la circulación de la sangre en los músculos constreñidos. Así, la inmunidad se reduce, y se da un impulso al desarrollo de enfermedades graves, como el ataque al corazón, el asma bronquial y la enfermedad coronaria.

¿Qué puede causar resentimiento? Cualquier cosa. Sin embargo, las causas más comunes del resentimiento son:

1. Insultos.
2. Burlas.

3. Una acusación.

4. Una amenaza.

5. Ignorar una petición.

6. Causar dolor físico.

7. Engaño.

8. Humillación.

9. Decepción.

10. Añada su favorito...

Cada una de estas situaciones desencadena este sentimiento, y pueden ser interpretadas como ofensivas.

Anatomía del resentimiento

La susceptibilidad es una manifestación del estado del ego de un niño. Es decir, podemos tener 30 o incluso 50 años, pero por dentro podemos sentirnos como un niño asustado de cinco años. Es este niño herido por dentro que muy a menudo toma decisiones, estalla emocionalmente, especialmente cuando se toca un "punto doloroso".

Broma: Ofendida por mi marido, decidí no hablar con él. Pero algo me dice que no lo asusté, sino que le inspiré esperanza.

En el corazón de este sentimiento están las expectativas injustificadas, o más precisamente, el desajuste de nuestras expectativas con el comportamiento real de una persona significativa. Cuando, por ejemplo, la persona de la que se espera apoyo o elogios de repente empieza a criticar o a reprocharle, siente un golpe en la autoestima, siente que le tratan injustamente y que le ofenden. Una reacción ante tal situación puede ser un arrebato de ira, pero tal comportamiento no es bienvenido, porque no quiere pasar por una persona de mal genio que no sabe controlar sus emociones (además de estar abiertamente enfadado con sus parientes o con su jefe).

Resentimiento peligroso

El resentimiento es peligroso, principalmente para nosotros mismos. ¿Por qué? Porque nosotros, una y otra vez, repasamos esta situación en nuestras cabezas. El resentimiento se acumula en el corazón, y cada día, una persona lo reaviva internamente más y más. En este caso, el resentimiento puede convertirse en ira o incluso en odio. La situación que lo causó está sobredimensionada con más y más dolores y especulaciones. Como resultado, el resentimiento estropea nuestro estado de ánimo y, a largo plazo, afecta negativamente a nuestra salud física y emocional.

En mi experiencia, uno de mis clientes ha estado resentido con su compañero durante 20 años, porque fue muy humillado por él en la escuela. Todas sus acciones fueron dictadas por un plan de venganza. Incluso su éxito en la vida se logró como respuesta a la intimidación a la que fue sometido. Y el hecho de que su agresor ya no esté vivo no eliminó la ofensa porque se convirtió en una "columna vertebral psicológica" para su personalidad, el principal significado de la vida, sin la cual no sabía cómo seguir viviendo.

Si le parece que el resentimiento es un paso fuerte y una oportunidad para salvar su autoestima, ¡entonces está equivocado!

Al contrario, el resentimiento habla de su vulnerabilidad y dependencia psicológica de los demás. Reduce nuestra conciencia al tamaño del delincuente, aumenta la irritabilidad, genera odio y venganza. En mi opinión, una persona psicológicamente madura no se ofende. Puede decidir separarse, por varias razones, pero solo lo hará por el bien de ambas partes. ¿Y cuál es el punto? El resentimiento es una situación incompleta. Es más bien la elipsis detrás de la cual se encuentra la esperanza lejana de un contacto renovado. Esta esperanza de restaurar la justicia de una manera muy expresiva y memorable —idealmente, la otra parte debería sacar conclusiones, y aún mejor— lamentar fuertemente lo que pasó es dañino y poco realista.

Pseudo-perdón

¿Cuántos insultos ha perdonado en la vida? ¿Y cuántos de estos agravios ha dejado ir completamente? Quiero decir que "perdonar" y "dejar ir un insulto" son dos conceptos diferentes. Según mis observaciones, el pseudo-perdón es muy común. El investigador de resentimientos Colin Tipping incluso identifica varios tipos de pseudo-perdón:

- El perdón desde un sentido del deber. Creemos que el perdón es lo correcto e incluso espiritual. Creemos que debemos perdonar.

- El perdón desde un sentido de justicia. Si una persona perdona a la gente porque cree que es correcta y justa, y ellos son estúpidos o pecadores, y los compadece, esto es pura arrogancia.

- Perdón falso. Fingir que no está enojado por ninguna razón cuando está realmente enojado, no es tanto perdonar como reprimir su enojo. Esta es una forma de auto-negación.

Incluso si usted "perdonó" a su pareja, esto no significa que su resentimiento se haya borrado de su memoria. Los agravios se acumulan hasta que se alcanza su masa crítica. Después de lo cual, hay una descarga emocional en forma de pelea o, por el contrario, depresión. Cuándo esto podría suceder, nadie puede predecirlo.

A veces la más mínima razón es suficiente para que ocurra una "explosión", que en su poder no es comparable con la causa. A veces, en el curso de tal colapso emocional, los insultos de hace muchos años, de los que todos ya se han olvidado, comienzan a ser extraídos de la memoria. Si no se responde al rencor, una persona puede mantener su carga emocional durante muchos años: como las minas de la Segunda Guerra Mundial, esperando a explotar.

El pseudo-perdón viene más de la cortesía. Es más fácil para muchas personas pretender que han perdonado que dejar de lado sus quejas. Dejar ir realmente un rencor puede ser una desventaja. Para perdonar completamente de verdad, es necesario utilizar técnicas especiales. Mi experiencia muestra que confiar solo en argumentos lógicos y soluciones para el perdón no es suficiente. ¿Qué puedo decir si en mi práctica, a menudo me encuentro con personas que guardan rencor a personas que ya no están vivas? ¿Dónde está la lógica aquí?

Tecnología del perdón

Basándome en mi experiencia, llegué a la conclusión de que la mayoría de las veces, las personas que guardan rencor son mujeres (o al menos, son más abiertas al respecto.) Perdón si he ofendido a alguien. En una sesión de entrenamiento, una mujer contó su historia en la que no pudo perdonar a su marido durante mucho tiempo porque una vez le dio una bofetada en la cara. A partir de ese momento, construyó una barrera psicológica a su alrededor y no la dejó ir. Es decir, formalmente todo era como antes, excepto por la verdadera cercanía y apertura. Siete años pasaron después de ese incidente, sus hijos crecieron, y ella continuó sosteniendo el sistema de defensa interior. Su marido, que se había sentido culpable todo este tiempo, fue recientemente diagnosticado con cáncer. Cuando se enteró de esto, algo se rompió en ella. Desde ese momento, comenzó a darle toda la ternura y el amor acumulados que había retenido durante tantos años. Su relación nunca fue tan intensa, cercana y abierta, como lo es ahora.

Paso número 1 - Lo primero que hay que hacer es admitir que está ofendido. Habiendo expresado esto, tomará este sentimiento bajo su control y reconocerá el hecho de su existencia. No se culpe por este sentimiento. El resentimiento sucedió, y ahora es un punto de partida para sus acciones posteriores. Escriba por qué fue ofendido, y por quién.

Paso número 2 - No tome decisiones en un estado de resentimiento. «Quita tu mano del fuego». Necesita tomar un descanso, que "amortigüe" las emociones calientes, y pueda tomar decisiones con una mente más tranquila. Determine cuánto tiempo pasa en su resentimiento.

Paso número 3 - Determine cuáles son sus expectativas con respecto a esta persona que no se han materializado. ¿Qué tipo de desencadenante emocional funcionó? Las expectativas injustificadas subyacen al resentimiento. Describa sus expectativas con respecto al comportamiento de la persona que está con usted. Responda a la pregunta: «¿Por qué deberían comportarse como yo quiero?». Aquí está su detonante, que desencadena una sensación de resentimiento. Al presentar sus reclamos tácitos a los demás, caerá en su propia trampa cuando sus expectativas no se cumplan. Aprenda a bajar su nivel de exigencia hacia otras personas, e inmediatamente notará que la cantidad de resentimiento en su vida disminuirá.

Paso número 4 - Intente no evaluar el comportamiento de una persona en relación a usted. A menudo la gente comete sus acciones sin intención, sin fijarse la meta de ofender. En última instancia, lo que importa no es lo que nos está pasando, sino cómo reaccionamos ante ello. A veces, solo después de años, uno puede entender el papel positivo que tuvieron las acciones de una persona hacia nosotros, aunque en ese momento, pareciera injusto y ofensivo. Vea la situación desde una amplia perspectiva espiritual, desde el mundo de la Verdad Divina. Nosotros mismos creamos esta situación para aprender de ella una valiosa lección para nosotros mismos. Obviamente, cuanto más fuerte es una persona involucrada en una situación, más difícil es para ella ver un beneficio para sí misma en ella.

Paso número 5 - Desarrollar una capacidad de diálogo sobre el resentimiento. No lo lleve por mucho tiempo sobre usted, pretendiendo estar abatido, para que el propio infractor lo adivine y, sintiéndose culpable, le pida disculpas. Esto crea una ventaja imaginaria para usted. De hecho, al llevar este sentimiento "tóxico" en usted, usted estropea su humor, destruye su armonía espiritual, aumentando la ira y la venganza.

Si algo es realmente importante para usted, es necesario hablar y concluir acuerdos verbales. En este caso, las expectativas se transfieren a la categoría de responsabilidad. Si no hay manera de discutir la situación con una persona, escríbale una carta. Sin embargo, no es necesario enviar esta carta. En cualquier caso, si lo hace, esto aliviará su estrés, y podrá ver con calma esta situación.

Paso número 6 - Practique el perdón. Esta es la principal receta contra el resentimiento. Perdonando sincera y profundamente, dejando ir la situación, descarga su psique, deshaciéndose de la severidad del resentimiento. Esto no significa que olvide la situación. Sacar conclusiones, aprender, marcar sus vulnerabilidades, estos son los beneficios que puede aprender de este sentimiento.

Mantra para los ofendidos:

Al final, aquí hay un ejercicio del maestro de Osho: "Mantra para los ofendidos". Después de leerlo, pase por su conversión y dese cuenta de la inutilidad y debilidad de este sentimiento.

> Soy un tipo tan importante que no puedo permitir que nadie actúe según su naturaleza si no me gusta. Soy un tipo tan importante que si alguien dice o no hace lo que espero, lo castigaré con mi insulto.

> Oh, que vea lo importante que es esto —mi insulto, que lo reciba como castigo por su "mala conducta". Después de todo, ¡soy un tipo muy, muy importante!

> No valoro mi vida. No aprecio tanto mi vida que no me importe gastar mi precioso tiempo en resentimientos. Renunciaré a un minuto de alegría, a un minuto de felicidad, a un minuto de jugueteo; prefiero dar este minuto a mi insulto. Y no me importa que estos frecuentes minutos se sumen a horas, horas a días, días a semanas, semanas a meses y meses a años. No me importa pasar los años de mi vida ofendido, porque no valoro mi vida. No sé cómo

mirarme a mí mismo de lado. Soy muy vulnerable. Soy tan vulnerable que tengo que cuidar mi territorio y responder con resentimiento a todos los que lo tocaron. ¡Pondré un cartel de "Precaución, Perro Enojado" en mi frente y dejaré que alguien intente no notarlo!

Soy tan pobre que no puedo encontrar en mí mismo una gota de generosidad para perdonar; una gota de auto-ironía para reír; una gota de generosidad para no notar; una gota de sabiduría para no atrapar; una gota de amor para aceptar. ¡Soy un tipo muy, muy importante!

Para resumir:

1. ¿Qué es lo que normalmente le ofende?

2. ¿Qué beneficios obtiene del resentimiento?

3. ¿Qué es lo que provoca el resentimiento?

4. ¿Qué puede hacer ahora para reducir el resentimiento en la vida?

5. ¿A quién necesita perdonar primero?

6. ¿Cómo y cuándo lo perdonará?

Capítulo 14: Celos

"Viendo cómo algunos acumulan el bien, otros empiezan a acumular el mal". - Anónimo.

¿Alguna vez ha estado celoso? Asumiré que sí. Este sentimiento es inherente a todas las personas. Es la base de la competencia y la capacidad de sobrevivir. A una edad temprana, envidiamos a los niños mayores porque son más altos, más fuertes y se les permite participar en los deportes. En la escuela, envidiamos a ciertos estudiantes porque tienen más libertad y ya saben quiénes quieren ser. Si usted es soltero, entonces envidia a los casados, y si está casado, envidia a los solteros. Sin dinero, envidia a los ricos. Y los que tienen dinero envidian a los que tienen poder. Y este proceso es interminable.

El sentimiento de envidia es un sentimiento que se asocia con el deseo de redistribuir algún bien a favor de la persona. Esta es una de las formas de agresión, pero en una forma más suave. La fuente de la envidia son las necesidades insatisfechas. El principal impulsor de la envidia es la posición sobre la distribución injusta de los recursos en el pasado y/o el presente.

Pero hay otro lado. Desde un punto de vista positivo, la envidia "blanca" es la capacidad de realizar agudamente las necesidades y deseos propios a través de los logros de otras personas. Es decir, si envidiamos a alguien, esto puede ser un factor motivador para el autodesarrollo y el logro.

¿Cuándo aparece la envidia?

Si tenemos todo lo que necesitamos en cuanto a: suministros de comida, agua, aire, sueño, vivienda y seguridad, así como (y esto es importante) al menos una parte de lo que tienen los que nos rodean: las necesidades básicas no nos molestan. Al mismo tiempo, la insatisfacción con las necesidades básicas se experimenta de forma bastante dura. Inmediatamente hay autocompasión: entonces, ¿qué es: "Todos almorzaron y tengo hambre, como un huérfano"? Y cuanto más natural consideramos nuestra necesidad, más fuerte es la lástima: "Todos están dormidos, me siento solo y termino el trabajo a medianoche, eso es una gran pena".

Para la envidia, deben crearse condiciones especiales. Estas condiciones, por regla general, las creamos para nosotros mismos. A menudo esto sucede por costumbre. El comportamiento habitual convierte nuestras reacciones a ciertos eventos en automatismo. Veamos más de cerca cada uno de los desencadenantes.

Desencadenante de envidia número 1 - La envidia es cuando nos comparamos con otra persona. Por sí mismo, el deseo de compararse con otra persona lanza un mecanismo de búsqueda de sus (propias) ventajas y desventajas. Con este detonante, se nos proporcionará de forma estable un objeto para la envidia. ¿Con quién se compara más a menudo?

Desencadenante de envidia número 2 - La envidia es cuando competimos con otras personas. En el corazón de la vida, argumentaba Darwin, está la selección natural. La competencia por los recursos con el propósito de sobrevivir y la continuación de la humanidad, son los instintos básicos que controlan nuestro comportamiento. ¿Con quién está compitiendo actualmente?

Desencadenante de envidia número 3. La envidia es una admisión de la derrota. Es una especie de resentimiento contra usted mismo cuando reconoce su imperfección. Este resentimiento puede salir en forma de ira. Recuerde: en lo que nos concentramos, nos fortalecemos en nosotros mismos. Por lo tanto, podemos aumentar en nosotros mismos aún más los miedos, la ira, o, por el contrario, la apatía o la depresión. ¿Por qué se ofende ahora?

Además, puede que sienta envidia de usted. ¿Cómo se siente cuando sabe que es objeto de los celos de otra persona? Tal vez esto agregue confianza y una sensación de bienestar emocional a alguien, pero es posible que se produzca otro efecto. La envidia de los demás puede causar miedo. El miedo a ser herido o, peor aún, a ser maldecido. Por lo tanto, hay una categoría de personas a las que no les gusta divulgar sus éxitos, logros y alegrías. Viven tranquilamente regocijándose y no llamando la atención de otras personas.

Algoritmo de manejo de los celos

Es costumbre en la sociedad condenar la envidia. Según mi experiencia, en uno de mis cursos de formación, el participante declaró con orgullo su envidia por uno de los multimillonarios del mundo. Y era obvio que le gustaba esta envidia. A la pregunta: «¿Qué te da este sentimiento?» respondió que le inspira y le motiva a alcanzar su sueño. Esto no puede ser llamado envidia en la forma en que usualmente se representa. Este es un ejemplo de envidia "blanca", que se basa en una sincera admiración por las habilidades y logros de otra persona. Llegamos a la conclusión de que dicha envidia "blanca" no destruye a una persona, sino que, por el contrario, le añade significado y vitalidad. Esto solo es posible si uno reconoce su propia singularidad, autosuficiencia y "bondad".

Para convertir la envidia "negra" en "blanca", propongo usar ocho pasos de transformación. Habiendo hecho esta tarea cualitativamente al menos una vez, usted puede reconstruir su atención y concentrarse en la energía positiva y usar la envidia para su propio bien.

Paso número 1 - Admita que está celoso. Es importante hacer esto para captar este sentimiento. Permítase sentir esta envidia; no se culpe por ello. A menudo, al prohibirnos experimentar cualquier sentimiento, lo transferimos a un nivel inconsciente, perdiendo así el control sobre él.

Paso número 2 - Determine qué desencadenante de envidia funcionó.

• Desencadenante de envidia número 1: La envidia es cuando nos comparamos con otra persona.

• Desencadenante de envidia número 2: La envidia es cuando competimos con otras personas.

• Envidia número 3: La envidia es una admisión de la derrota.

Paso número 3: Trate de recordar y tener en cuenta en lo que ya ha tenido éxito. Tales fragmentos de éxito están necesariamente en su vida. Aprenda a alegrarse y a dar gracias por lo que ya tiene. Cambiar su atención a sus logros puede equilibrar su actitud hacia la persona que envidia.

Bellas palabras sobre este tema fueron citadas por Elena: "Tan pronto como comienzas a ver el significado de tus propias acciones y de la situación actual, la autocompasión se evapora en algún lugar, y no llega a la envidia. La respuesta a la pregunta: «¿Cómo detener la envidia?» sonará así: «¡Deja de compararte con los demás y ve al grano!»".

Paso número 4 - No se enfade con su objeto de envidia. La envidia es el resultado de la baja autoestima o la falta de comprensión de las propias necesidades. Una persona no tiene la culpa de que la envidien. Ha pagado su "precio" por lo que tiene. Si usted averigua los detalles, entonces este "precio" puede ser demasiado alto, y no todo el mundo estará dispuesto a pagarlo.

Paso número 5 - Agradezca mentalmente a esta persona por señalarle el camino a sus deseos, sueños y necesidades.

Paso número 6 - En lugar de buscar defectos en esta persona y condenarla, solo observe su desarrollo. Aprenda el éxito de las otras personas: ¿Qué hacen y cómo lo hacen? ¿Qué los llevó a tales resultados? Crear modelos y estrategias aceptables. ¿Qué cualidades de carácter o conocimientos (habilidades) pueden serle útiles?

Paso número 7 - Vuelva a revisarse a sí mismo. ¿Es realmente importante para usted tener lo que tiene esta persona? ¿Es realmente sobre usted y su vida? Si la respuesta es "Sí", ¡entonces actúe!

Paso número 8 - Haga un plan de acción específico que le ayude a moverse en la dirección deseada. Trabaje con un entrenador si es necesario.

Paso número 9 - Proceda en esta dirección y celebre sus propios éxitos.

Para resumir:

1. ¿Puede llamarse a sí mismo una persona envidiosa?

2. ¿Cuál de las opciones para los celos es la más cercana a usted y por qué?

3. ¿Qué es lo que provoca su envidia?

4. ¿Cómo se siente cuando la gente siente envidia de usted? ¿Por qué exactamente tiene este sentimiento?

5. ¿Qué significado positivo ve para usted en la envidia?

Capítulo 15: Emociones tóxicas

"¿Qué es lo que desprecias? Por esto eres verdaderamente conocido". - Frank Herbert, escritor de ciencia ficción americano.

¿Por qué el desprecio se considera una emoción venenosa? Hay algunas emociones que envenenan a una persona y a quienes la rodean cuando se experimentan. Al principio, esto afecta a los pensamientos, luego pasa al estado de ánimo y termina por causar enfermedades físicas.

En mi experiencia, estaba dirigiendo un curso de capacitación sobre inteligencia emocional, y un participante habló de su desdén por los funcionarios que se quemaban con los sobornos. Su desprecio rozaba el odio y se manifestaba en el deseo de ahorcar y disparar. Era interesante que el desprecio despertara en él una oleada de energía emocional y física. Parecía estar lleno de fuerza cuando hablaba de otro ejemplo de corrupción. Durante el diálogo, resultó que no pretendía abandonar completamente este sentimiento, ya que lo consideraba adecuado, sino simplemente quería hacerlo más manejable.

Naturaleza del desprecio

En el fondo, el desprecio es un sentimiento de falta de respeto y de negligencia que surge en relación a una persona o un grupo de personas que muestran ciertas cualidades personales, cometen ciertas acciones o tienen ciertas creencias. Por regla general, una persona que experimenta desprecio condena estas cualidades y no se permite mostrarlas. Este sentimiento forma la relación entre las personas y crea desigualdad. Una persona que se pone por encima de otra (según diferentes criterios), se distancia conscientemente de ella.

Los resultados de un estudio del famoso psicólogo americano Carroll Izard revelaron la naturaleza de este sentimiento. Él cree que, en una perspectiva evolutiva, el desprecio era un medio de preparar a una persona o grupo de personas para enfrentar el peligro. Para poner esto en perspectiva, imagínese a un joven preparándose para una batalla con un adversario, provocando tales pensamientos en sí mismo: «Soy más fuerte que él, soy mejor que él». Los hombres que adoptaron una mentalidad similar mostraron más coraje y menos empatía por el enemigo.

Así, el sentido del desprecio tiene un poder de motivación. Esto significa que al experimentarlo, ganamos una confianza adicional para actuar.

Las siguientes variaciones están disponibles. Hablando de las variedades de desprecio, quiero que observe la secuencia de su desarrollo. Estoy convencido de que aquí funciona el principio inverso: si un hombre desprecia a toda la humanidad, entonces, en el fondo, se desprecia a sí mismo:

1. Desprecio por sí mismo.

2. Desprecio por el otro.

3. Desprecio por un grupo de personas.

4. Desprecio por toda la nación.

5. Desprecio por toda la humanidad.

Usted puede recordar sus propios ejemplos de la vida o la historia cuando este o aquel tipo de desprecio se manifestó. Por esta razón, recuerde el desprecio que los nazis sentían por la raza judía. Este "desprecio impuesto" era tan irracional en esencia y racional en forma, que como resultado de las acciones de los nazis, millones de judíos fueron destruidos físicamente. El desprecio, como un virus, se apoderó de toda la nación alemana, haciendo de este sentimiento una parte de la ideología propagandística.

El desprecio es un sentimiento intermedio

Como una sorpresa, el sentimiento de desprecio es de naturaleza intermedia, aunque más estable. Esto significa que puede ser un sentimiento independiente y puede entrar en otras formas de emoción. Depende de las creencias internas, así como de los objetivos de la persona. El sentimiento de desprecio puede ser llamado un sentimiento "frío". Dependiendo de las circunstancias, el desprecio se convierte en:

- Enojo.
- Resentimiento.
- Ira.
- Tristeza.
- Alarma.

Por ejemplo, puede experimentar desprecio por la persona que robó algo, y después de este sentimiento, la ira y el deseo de castigar severamente al ladrón pueden aparecer instantáneamente. O desprecio por el amigo que le engañó, y luego tristeza por la pérdida de la relación.

Los beneficios emocionales de sentir desprecio

Si una persona hace algo o siente una emoción, entonces es beneficioso para él, incluso si niega tal beneficio. Durante mucho tiempo, no pude ver este sentimiento desde una posición de beneficio. Sin embargo, un análisis de los estudios científicos de este sentimiento me hizo pensar en los posibles beneficios que trae a nuestra psique. Los desencadenantes del desprecio, por lo tanto, funcionan porque son beneficiosos para nuestra psique y cumplen una función importante.

Beneficio número 1 - El desprecio como signo de superioridad. Habiendo ganado en cualquier negocio, podemos experimentar desprecio por el lado perdedor. En el momento de desprecio, empezamos a sentir una fuerza extra.

Beneficio número 2 - El desprecio proporciona una oportunidad de salir de la severidad de nuestra propia disfunción. Despreciando a otro, buscamos un aumento de nuestra propia autoestima. Con el trasfondo de una persona humillada, comenzamos a elevarnos, aunque solo sea a nuestros propios ojos.

Beneficio número 3 - El desprecio proporciona una oportunidad de realizar nuestros valores, creencias y principios. Despreciando, podemos entender lo que es importante para nosotros y por qué. Podemos estar orgullosos de seguir claras pautas de vida que nosotros o nuestro entorno realmente valora.

A pesar de que el desprecio tiene beneficios, ¡este sentimiento es muy tóxico! ¡Altamente! Este sentimiento está sujeto a un rápido desarrollo, como un tumor canceroso, y puede entrar en otra condición aún más seria.

¿Cómo deshacerse de estas emociones tóxicas?

En mi experiencia, una de mis amigas de color era muy despectiva con la "gente de nacionalidad caucásica". Los llamaba "cuñas", y simplemente se ponía de cabeza cuando un caucásico estaba a su lado. Una vez, después de su siguiente queja a los caucásicos, que eran ruidosos en la calle, decidí investigar su desprecio con ella. Respondiendo a varias preguntas, se dio cuenta de que despreciaba a los caucásicos por su imprevisibilidad y emocionalidad. Esto le causó temor, que enmarcó en el sentido de desprecio–. ¿A qué le temes?–Pregunté–. Tengo miedo de que me violen–respondió con sorpresa–. ¿Por qué crees que quieren violarte?–Pregunté con cautela–. ¡No lo sé!–ella respondió en voz alta. Aparentemente, la causa de este profundo miedo fue la experiencia lejana de los ancestros, que eran asaltados regularmente por tribus foráneas. En aquellos días, el grupo victorioso mataba a los hombres y violaba a las mujeres. Tal vez la razón de este miedo se encuentra en la historia de su familia.

Si, mientras usted estudiaba este material, llegó a la conclusión de que tiene más sentimientos de desprecio de los que necesita, y que envenena su vida, entonces está listo para la técnica para deshacerse del desprecio. Hago notar que para deshacerse del desprecio, usted debe tener una motivación seria y el deseo de obtener beneficios tangibles. Estos beneficios deben ser mayores que los beneficios de tener desprecio en su vida. Registre estos beneficios ahora mismo:

Beneficio número 1: _____

Beneficio número 2: _____

Beneficio número 3: _____

Si ha identificado suficientes beneficios, podemos proceder a los pasos específicos de la liberación.

Paso número 1 - Aceptación. Aceptar el hecho de que la acción de una persona es lo mejor que podría (o puede) hacer en base a su situación de vida. No sabemos en qué circunstancias se encuentra una persona y qué historia tiene.

Paso número 2 - Comprensión. Cada vez, trate de entender la razón del acto de la persona, no importa cuán absurdo pueda ser a primera vista. Vea la situación con sus ojos. Intente comprender la razón de su elección. Seguramente esta elección fue bien intencionada.

Paso número 3 - Singularidad. Cada vez, trate de ver la singularidad de la persona y la experiencia que trae consigo. No lo compare con ningún punto de referencia e ideales. Esto no es fácil, porque siempre quiere comparar a otra persona con usted mismo.

Paso número 4 - "Precio propio". Acepte el hecho: cada persona paga "su propio precio" por sus acciones y el estilo de vida que lleva. La persona que desprecia ya ha pagado o pagará por lo que hace. El precio no lo determinamos nosotros, sino la vida misma. Déjeles el derecho a elegir.

En resumen:

1. ¿Qué tipos de desprecio experimenta más a menudo?

2. ¿Qué beneficios encuentra en el desprecio?

3. ¿Qué daño le hace este sentimiento?

4. ¿Qué es lo que provoca su desprecio?

5. ¿En qué sentimiento suele convertirse su desprecio?

6. ¿Cuál de las siguientes recomendaciones le ha sido más útil y por qué?

Capítulo 16: Mejorando la conciencia emocional

Estamos motivados por las emociones, no por los pensamientos. Sin la comprensión de lo que siente, es imposible entender completamente su propio comportamiento y, en consecuencia, no es posible controlar las emociones y acciones, ni leer los deseos y necesidades de los demás.

La conciencia emocional incluye dos habilidades principales:

1. La capacidad de reconocer la experiencia emocional del presente.

2. La capacidad de hacer frente a todas sus emociones.

Estas dos habilidades merecen nuestra especial atención.

¿Alguna vez se ha sentido como si estuviera controlado por la depresión, la ansiedad o la ira? ¿La mayoría de las veces actúa como si no debiera, tomando una decisión (actuando, diciendo o haciendo algo) y sabiendo que se arrepentirá más tarde? ¿Le sucede que se siente emocionalmente entumecido? ¿Tiene dificultades para comunicarse con otras personas y para cultivar normas ideales de relaciones? ¿Siente que su vida —las "montañas americanas" emocionales— son extremos sólidos y sin equilibrio? Si respondió afirmativamente al menos a una de estas preguntas, debe saber que cada una de las condiciones descritas está asociada con un trastorno de conciencia emocional.

La conciencia emocional nos ayuda a:

- Reconocer quiénes somos: lo que amamos, lo que no amamos y lo que necesitamos.

- Comprender a otras personas y simpatizar con ellas.

- Comunicarse de forma clara y efectiva.

- Tomar decisiones sabias basadas en los motivos que son más importantes para nosotros.

- Motivarnos a actuar para lograr un objetivo.

- Desarrollar relaciones fuertes y saludables.

La conciencia emocional lleva nuestra vida a un equilibrio. Esas actitudes que nos preocupan a casi todos nosotros serán reemplazadas por otras que nos apoyen y aprueben. Compare estas declaraciones:

"Cuando se trata de sentimientos, constantemente llego a los extremos".

"La vida no tiene por qué estar constantemente en el punto más alto; no es solo altibajos. Cuanto más contacto mantenemos con nuestro mundo interior, mejor controlamos nuestras experiencias, más rápido aprendemos a evitar los extremos en las reacciones y experiencias".

"Yo, la mayoría de las veces, me arrepiento de mis acciones y/o de mis palabras".

"Si usted, la mayoría de las veces, sueña con lo bueno que sería entrar en una máquina del tiempo o rebobinar el tiempo, solo para no decir lo que dijo o no hacer lo que hizo, entonces su camino para desarrollar la conciencia emocional se encuentra en el dominio de la paciencia durante el estrés".

"No tengo fuerza".

"Cuando físicamente está en perfecto orden, pero no tiene la energía para forzarse a actuar (aunque estemos hablando de las cosas más simples), tal vez esto sea depresión. Con un mejor entendimiento del EQ, puede y podrá reconfigurar estos sentimientos y hacer cambios positivos".

"No me gustan los que me gustan".

"Las relaciones son algo complejo, pero es mucho más fácil conocer a la gente, hacer amigos, y hacer fuertes conexiones con la conciencia emocional".

"Es poco probable que tenga éxito en la vida, aunque soy inteligente y trabajo duro".

"Ya sabe que el éxito en la vida y en el trabajo a veces requiere más que solo mente y esfuerzo. Junto con ellos, la inteligencia emocional se reconoce como uno de los factores principales para encontrar un mejor lugar bajo el sol".

"Otros dicen que no tengo sentimientos; me llaman una persona insensible, una máquina".

"Hay personas que no saben controlar sus manifestaciones emocionales; se irritan fácilmente, se molestan con facilidad y expresan fácilmente lo que piensan. Pero hay otros: los que se mantienen bajo un control tan estricto que no expresan ningún sentimiento. Pase lo que pase, parece como si no los tocara en absoluto. La solución para ellos es encontrar un equilibrio con sus propios sentimientos".

Evalúe su conciencia emocional

Hay muchas pruebas para la inteligencia emocional. La gran mayoría de ellas son puramente de entretenimiento y no pueden ser tomadas en serio. Puede distinguir fácilmente tales pruebas en las propias preguntas (como: "Siempre te sientes así cuando le gustas a un chico"). El test MSCEIT (The Mayer-Salovey-Caruso Emotional Intelligence Tests), desarrollado en base a los estudios de Salovey y Mayer, se considera clásico. El test, que consta de ciento cuarenta y un preguntas, da un resultado muy detallado y razonable. Hay otras pruebas que puede encontrar fácilmente y pasar si lo desea. Ahora mismo nos centraremos en los diagnósticos rápidos.

Aunque la inteligencia emocional es la base de una buena comunicación, del desarrollo y el mantenimiento de relaciones sólidas y, lo que es más importante, de la salud emocional, las personas a menudo no están familiarizadas con sus propias experiencias emocionales. La práctica psicológica muestra que no muchos pueden describir claramente cómo se sienten. La mayoría de las personas, cuando se les pregunta: "¿Qué sientes?" responderán algo como: "Bueno, muchas, simplemente no puedo expresarlo". Y el problema es que, al ser incapaces de identificar y expresar sus propios sentimientos, ni siquiera piensan que esto es un problema. Responda a las siguientes preguntas; este no es un test en el que se pueda obtener una evaluación. Pero estas preguntas le ayudarán a entender algo: cuanto más a menudo responda "no", más necesitas trabajar en su inteligencia emocional.

- ¿Puede experimentar sentimientos fuertes, incluyendo ira, tristeza, miedo, asco, alegría?

- ¿Siente sus emociones físicamente? Por ejemplo, si está triste, ¿tiene una pesadez en el pecho o en el estómago? Si está preocupado, ¿tiene un nudo en la garganta?

- ¿Toma alguna vez decisiones basadas en la intuición? ¿Toma decisiones basadas en las emociones?

- Cuando su cuerpo le señala que algo va mal (se le pone la piel de gallina en la espalda, etc.), ¿confía en sus sentimientos?

- ¿Se siente cómodo con todas sus emociones? ¿Se permite sentir ira, tristeza o miedo sin juzgarse o suprimir estas experiencias?

- ¿Presta atención a cada cambio en su estado emocional? ¿Experimenta diferentes emociones durante el día o es la misma emoción la que le sostiene constantemente?

- ¿Puede hablar de sus emociones?

- ¿Siente que otras personas entienden sus sentimientos?

- Cuando los demás conocen sus emociones, ¿le conviene?

- ¿Es sensible a las emociones de otras personas? ¿Le resulta fácil ponerse en el lugar de otro?

La mayoría de la gente no conoce sus sentimientos, y aunque lo note internamente, siempre tiene la oportunidad de arreglarlo. Simplemente comprendiendo y reconociendo sus emociones, y siendo capaz de manejarlas y hacerlas frente, puede disfrutar de una gran felicidad y paz dentro de usted y construir una mejor relación.

Y repetimos de nuevo: si no aprendemos a manejar el estrés, no podemos hacer frente a nuestras emociones. No son predecibles, y nunca podemos estar seguros de lo que causará una reacción emocional de cualquier tipo. Además, bajo presión, no parece que tengamos tiempo para volver inmediatamente a un estado adecuado. Por lo tanto, necesitamos herramientas para lidiar con el estrés rápidamente. El desarrollo de la inteligencia emocional depende en gran medida de nuestra capacidad para aliviar el estrés una vez que ha comenzado. Si sabe cómo calmarse solo sintiéndose deprimido, bueno, esa es una manera y una negativa en ese sentido. Recuerde que las emociones pueden ayudar, pero también pueden herir. Ese miedo y esa impotencia pueden llevarle a cerrarse, inhibir su capacidad de pensamiento racional y empujarle a realizar una acción (o un conjunto de acciones verbales o no verbales) para que hable y haga cosas de las que luego se arrepentirá.

Así que si las emociones pueden contener tanto ventajas como desventajas, ¿tal vez puedan ser utilizadas para sus propios fines? Por supuesto que sí: incluso en las emociones desagradables, hay una nota positiva.

- La ira puede ser destructiva y reforzante. La ira descontrolada puede enloquecer, poniendo en peligro a la persona y a los que la rodean. Pero la ira también puede proteger a una persona y salvar una vida. La ira es una emoción que concentra mucha energía, y esta energía puede utilizarse para salvar la situación, movilizándose e inspirando la acción correcta y decisiva.

- La pena puede llevar a la depresión, pero también apoya la curación emocional. La tristeza anima a una persona a calmarse, dejar de pensar en lo malo, curarse y recuperarse del triste acontecimiento.

- El miedo que captura completamente a una persona es una emoción debilitante y negativa. Pero el miedo no solo hace esto: también activa reacciones defensivas que protegen contra el peligro externo. El miedo, profundamente arraigado en el alma, a menudo causa depresión crónica. El miedo abrumador puede ser un obstáculo que nos separa de los demás, pero el miedo también mantiene una vida segura, advierte del peligro e induce acciones protectoras.

Nacemos con la capacidad de experimentar toda la gama de emociones humanas: alegría, orgullo, ira, tristeza, miedo y otras. Sin embargo, muchas personas se desconectaron de algunos o todos sus sentidos. Entre ellos, los que experimentaron traumas psicológicos en la infancia a menudo se desconectan de sus emociones y de las sensaciones físicas que causan. Pero cuando tratamos de evitar el dolor y el malestar, nuestras emociones se distorsionan; perdemos contacto con ellas cuando tratamos de ignorarlas, en lugar de preocuparnos.

Evitando las emociones y evitando las experiencias emocionales:

- Nos negamos a conocernos a nosotros mismos. Esta es una de las consecuencias más importantes: por lo tanto, no queremos entender por qué reaccionamos ante diferentes situaciones de una manera u otra; qué es lo que queremos o qué es lo que realmente necesitamos.

- Nos privamos no solo de lo malo, sino también de lo bueno. Apagando deliberadamente los sentimientos negativos: ira, miedo o tristeza, también cerramos nuestra capacidad de experimentar sentimientos positivos: alegría, amor y felicidad.

- Estamos cansados. Porque evitar las emociones es agotador. Podemos distorsionar y opacar los sentidos, pero no podemos eliminarlos completamente. Gastamos mucha energía en aprender a evitar una experiencia emocional genuina y mantener nuestros sentimientos oprimidos. Es devastador.

- Arruinamos nuestras relaciones. Cuanto más nos alejamos de nuestros sentimientos, más nos alejamos de otras personas y dejamos de esforzarnos por desarrollar un vínculo social agradable con ellos. Tan pronto como nos desconectamos de esas experiencias que causan incomodidad, automáticamente nos desconectamos de las experiencias positivas. Con esta separación, nos negamos a nosotros mismos la alegría y la risa, que, por cierto, apoyan mucho en los momentos difíciles.

Superar las pérdidas y completar tareas sólidas solo es posible si podemos conservar la capacidad de regocijarnos. Esta emoción inspiradora siempre nos recuerda que la vida merece ser vivida, y puede traer no solo amargura, sino también alegría.

¿Qué hacer? ¡Abrazar y sentirse cómodo con todas sus emociones! Si nunca ha sido capaz de hacer frente a la presión, el consejo de no abandonar las emociones negativas puede parecer dudoso. Pero, incluso después de experimentar un trauma psicológico, una persona puede curarse, habiendo aprendido a maniobrar entre sus experiencias emocionales con seguridad. Puede y debe esforzarse por cambiar la forma en que responde a sus emociones. Esto implica reunirse con todas las emociones básicas, que incluyen la ira, la tristeza, el miedo, el asco, la sorpresa y la alegría, a través del proceso de autosanación. Una vez establecido este objetivo y empezando a ponerlo en práctica, debe tener constantemente en cuenta varios puntos importantes:

Las emociones van y vienen rápidamente si las deja.

Puede que le preocupe que tan pronto como empiece a experimentar todas las emociones que ha evitado, se queden con usted para siempre. Pero esto no es así. Cuando no estamos locos por nuestras emociones, tarde o temprano, incluso los sentimientos más dolorosos y difíciles se atenúan y pierden poder sobre nosotros. Si no alimenta la emoción con su atención, la controla. Notará que cuando está en paz con su mundo interior, las principales emociones (tanto positivas como negativas) van y vienen rápidamente. Esto significa que durante el día observa, escucha o aprende algo que instantáneamente causa una fuerte respuesta en los sentimientos. Pero si no está enfocado en este sentimiento, no se apoderará de usted, y pronto otras emociones tomarán su lugar. Esta es la diferencia con el estado en el que está enfocado intensamente en una emoción en particular, por ejemplo, la tristeza; lo que está sucediendo solo le entristece.

El propio cuerpo le dirá lo que está mal con las emociones.

Las emociones están estrechamente relacionadas con las sensaciones físicas; al experimentar una intensa excitación o alegría, siente cómo el cuerpo responde con tensión o ligereza. Tomando nota de estas sensaciones físicas, comprenderá mejor cómo manejar las emociones. Por ejemplo, hay cierto tipo de persona que hace que aparezca amargura en su boca cuando pasa tiempo con él (o ella). Puede concluir que es desagradable para usted estar cerca de él; si durante una cierta acción su estómago se contrae, entonces esta acción le hace sentir incómodo, por lo que no quiere hacerlo. Por supuesto, usted mismo sabe perfectamente quién le gusta y qué no le conviene; pero escuchar a su cuerpo es útil incluso para una persona con una inteligencia emocional perfectamente desarrollada, porque esto le recordará una vez más la necesidad de proteger su salud.

Olvídese del conflicto entre la razón y el sentimiento.

Que esto quede solo en las películas y los libros. La inteligencia emocional funciona como el instinto. Cuando esté bien preparado, sabrá cómo se siente como un reflejo, es decir, ni siquiera pensando en ello; y puede usar estas señales emocionales para entender la situación y actuar en consecuencia. El objetivo no es que alguien gane la guerra entre la razón y los sentimientos; el objetivo es poner fin a esta guerra y encontrar un equilibrio entre los dos participantes.

Conclusión

Gracias por llegar hasta el final de *Inteligencia emocional: Desbloquee los secretos para mejorar su inteligencia emocional, habilidades sociales, carisma, influencia y autoconciencia, incluyendo consejos de comunicación altamente efectivos para persuadir a la gente*. Debería haber sido informativo proporcionándole todas las herramientas que necesita para mejorar tu cociente emocional y tener éxito en la vida.

Las emociones son esos fuertes hilos invisibles que conectan a las personas. Estas forman la base para entendernos a nosotros mismos y establecer relaciones de confianza con aquellos que necesitamos y que son queridos por nosotros.

Pero para experimentar todas las ventajas de una inteligencia emocional altamente desarrollada, no basta con experimentar emociones. Es necesario comprenderlas y ser capaz de controlarlas. Esta habilidad indispensable puede ser llamada conciencia emocional. Todo lo que esto nos da, no lo necesitamos obtener de otro lugar, ya lo tenemos. La conciencia emocional es inherente a cada persona, sin excepción, es una característica de nuestra especie. La única diferencia es que algunas personas han pasado más tiempo y trabajo en su desarrollo que otras. Sí, a alguien se le puede haber dado una alta inteligencia emocional desde el nacimiento, pero otro que trabaja en ella de forma independiente puede lograr los mismos resultados —a veces, incluso mejores— porque en lo que se invierte trabajo se valora más que el regalo recibido.

Empiece a mejorar su inteligencia emocional, sin importar cuán desarrollada esté ahora. Los humanos siempre necesitan algo por lo que esforzarse. Cuanta más conciencia emocional poseemos, más clara y creativamente pensamos; más fácil es manejar el estrés y hacer frente a los problemas; y más fuertes son nuestras relaciones personales. Tanto si sabemos de ellas como si no, las emociones están constantemente presentes en nuestro entorno y alrededor de nuestra vida personal, pasando factura a todo lo que nos rodea. Ser consciente de las emociones es saber qué y por qué sentimos, definir y expresar nuestros sentimientos, comprender qué conecta nuestros sentimientos con nuestras acciones y ponernos en la piel de los demás para tener una mejor relación, sólida, positiva y fructífera con ellos.

Por último, si usted encontró este libro útil de alguna manera, ¡una reseña en Amazon siempre es apreciada!

www.ingramcontent.com/pod-product-compliance
Lightning Source LLC
Chambersburg PA
CBHW030113240426
43673CB00002B/58